KB261303

하나님은 무엇을 기다리고 계시나

하나님은 무엇을 기다리고 계시나

믿음이란 한 알의 밀알이 땅에 떨어져 죽음으로 많은 열매를 맺음과 같이 진리의 열매를 위하여 스스로 죽는 것을 뜻합니다. 눈으로 볼 수는 없으나 영원히 살아 있는 진리와 목숨을 맞바꾸는 자들을 우리는 믿는 이라고 부릅니다. 「믿음의 글들」은 평생, 혹은 가장 귀한 순간에 진리를 위하여 죽거나 죽기를 결단하는 참 믿는 이들의, 참 믿는 이들을 위한, 참 믿음의 글들입니다.

하나님은 무엇을 기다리고 계시나

김유심 지음

홍성사.

누군가

즐거운 목숨을 버리도록

나를 사랑한 사람은 누군가

누군가

이 고초를 이기도록

내가 사랑하는 사람은 누군가

－작자 미상－

차례

1부

만인제사장

2부 꿈은 이루어진다

머리말

누군가
즐거운 목숨을 버리도록
나를 사랑한 사람은 누군가

누군가
이 고초를 이기도록
내가 사랑하는 사람은 누군가

내가 젊은 날에 걸핏하면 좌우명처럼 읊조리던 시였다.
오랫동안 릴케의 시로 알았다가 이내 누군가의 피를 토하는
신앙고백으로 받게 되었다.

실로 짧지 않은 긴 여정에서 한결같이 도전과 흥분을 내게 선사했고, 위로와 새 힘을 준 고마운 시였다.

이 책 구석구석까지 빈틈없이 누군가, 바로 그분으로 가득-꽉-채워지길 기원한다.

2012년 10월

1부
만인제사장

토끼는
달리지
　　않는다

　　나는 한 번도 우리 큰애에게 신학을 하라고 종용하거나 그 어
떤 모션을 취해 본 적이 없었으나 아이는 엄마의 영향(본인의 말)으
로 대학 졸업 후 신대원에 입학을 하고 말았다.
　　화가 난 아빠는 학비를 몰라라 했다.
　　아이는 장학금으로 신대원을 마쳤고, 남의 나라 덕분에 박사
가 되고 목사가 되어 소박하게 살아가고 있다.
　　엄마는 내 자식이 남의 덕에 공부를 했으니 나도 누군가가 꼭
유익한 주의 종이 되어 주길 바라며 작은 장학회를 꾸려가고 있
다. 그렇다고 남달리 믿음이 특출할 것도 없는 엄마이고 보니 아들
에게 박수를 쳐주지도 못했고, 전국 수석급의 아들에게 아빠가 걸
고 있는 세상적 기대를 굳이 탓하고 싶은 생각도 없었다. 나는 그
저 때로 우리의 의지와 상관없이 그 어떤 인간외적人間外的인 절대

자의 인도와 섭리가 있다는 것을 믿고 조용히 지켜보고 있을 따름이다.

가끔 걸려오는 장거리 전화에 아들이 피곤한 듯싶어 보이면 엄마는 지체없이 지정 레퍼토리를 들이댄다.
"너무 잘하려고 하지 마!"
"예. 그러고 있어요."
참으로 웃기는 족속들이다. 어떻게 하면 좀더 빨리 저 화려한 고지를 선점할 수 있을까? 그 묘방이나 비책을 찾아 온갖 정보를 총동원하여 응원해야 할 '엄마'의 꼬라지 하며, 또 그 밥에 그 나물인 아들의 맞장구 또한 가관이 아닌가. 나는 내 아들이 엄마의 말귀를 대뜸 알아차려 준다는 게 이리도 행복하다. 사람들에게 박수를 받기 위해, 제가 해냈다고 자기 의를 자랑하며 뽐내고자 허영스런 무리수를 두지 말라는 엄마의 당부가 행여 아들을 너무 위축시키는 건 아닌지 때로 걱정이 들기도 하지만 "예. 그러고 있어요." 하는 거침없는 아들의 대답은 이내 엄마를 안도하게 한다.
아마 어떤 이는, 아아니 지금이 어느 세상인데 영락없는 바보 아니면 거 위선자 아니냐고 찔러주고 싶을는지 모르겠다. (그러라지, 어쩌겠나.)
그런데 어휴! 마침하고 여기 대단한 원군이 있었네. 위상이나 사역 범위가 어마어마하게 호화찬란하여 만인이 흠모하던 짐 베커 목사가 갑자기 크게 몰락한 후 토해 낸 회한이 지금 우리를 아주 썩 잘하고 있는 거라고 격려하고 있으니 말이다.

"내가 틀렸었다.(《I was wrong》 −그의 자서전) 나는 지금껏 하나님의 뜻에 반대로만 가르쳐 왔다.(기복) 내가 틀렸었다는 걸 알게 해준(실패케 한)건 전혀 은총이었다. … 하나님은 결코 우리의 대단한 업적으로 감동받지 않으시며 다만 우리의 삶에서 영적 열매를 보길 원하실 따름이다."

곧 얼마나 많은 일을 했느냐, 얼마나 많은 사람을 교회로 불러들였느냐가 아니라 사람들로 하여금 얼마나 하나님의 말씀에 따라 복음적 삶을 살 수 있도록 도왔느냐가 중요하다는 말이다. 할렐루야!

사람들이 흔히 착각, 혼동하고 있는 성경말씀이 있다. 예수님께서 친히 하신 말씀이라서 더욱 그런 것 같다.

"나를 믿는 자는 나의 하는 일을 저도 할 것이요 또한 이보다 큰 것도 하리니"−요 14:12

사람들은 예수를 믿는다고 생각하거나 고백하기만 하면 곧 믿는 것으로 보증(?)한다. 예수는 전능하신 하나님이시니 덮어놓고 예수 이름으로 명하기만 하면 만사형통해야 하고 그래서 어쩌다 혹 그분의 섭리에 따라 쓰임 받을 기회를 얻은 사람은 당연하게 큰 일, 곧 세속적 성공주의 위업(?)에 목숨을 건다. 한창 세상을 떠들썩하게 반짝 −번쩍− 하다가 한 순간에 숱한 모멸의 눈총을 등에 받으며 추하게 스러져 간 그 많은 소위 능력자들…… 그들의 실패는 바로 그 큰 일을 감당하기 위해선 반드시 먼저 예수님처럼 ‘되어’ 예수님처럼 ‘살아야’ 할 전제를 간과한 채 허영적인 자기 의의 위세에 도취했기 때문일 것이다.

예수님께서 우리에게 약속하시고 또 보장하신 ‘큰 일’이란 결코 그 어떤 거창한 이벤트가 아니라 바로 우리가 예수님의 구속의 역사를 이어 써 가는 것이라고 너무도 분명하게 설명하고 계신다. 우리에게 그런 사명을 맡기심은 바로 주님이 아버지께로 가시기 때문이라고.

토끼는 아무리 화급해도 결코 달리지 않는다. 한결같이 그냥 뛸 뿐이다. 토끼가 잘 뛰는 것은 능력이 아니라 사명이다. 아무리 뛰고, 달리고, 날으는 묘기를 적절히 구사할 줄 아는 자만이 살아남는 세상이라지만 아니다! 자기 사명에 충실하는 것이 가장 앞선 것이라는 게 내가 지금 아들에게 역설하고자 하는 포인트이다.

나는 그것이, 아무쪼록 우리의 게으름에 대한 합리화나 핑계가 되지 말기를 계속 기도할 것이다.

지금,
여기에!

옛날에 제가 아무개에게 이렇게 이렇게 얼마나 잘 해 주었는데 사람이 본정을 모른다며 앉으면 노담(怒談)을 하는 친구가 있다. 처음엔 아, 그랬나 보다고 들어주었지만 하도 레퍼토리가 똑같으니까 이젠 식상해서 아예 고개를 돌려 버린다. 또 앉으면 만약 나중에 제게 돈이 생기면 무엇을 어찌어찌 할 거라고 늘어놓는 친구가 있는데, 요즘엔 더 발전해서 숫제 인류를 구원할 것처럼 떠드는 게 좀 듣기 거북하다. 그가 두고 쓰는 문자가 있다. "난 있으면 안 그래"다. 그것도 그의 별명이 짠지쪽이고 보면 그가 떠는 푼수를 곱게 들어줄 사람도 그리 흔치 않다. 당장 콧방귀가 새어나온다. "흥! 얼마나 더 있어야 하는데?"

누구라고 돈이 많이 생겼는데 지금보다 못할까만 어찌 말을 그리 쉽게… 하긴 말이니 쉬울 수도 있겠지만 남이 저를 어찌 보는

지도 아랑곳없이 그냥 마구 말해도 괜찮은지 생각하다 문득 걸핏하면 하나님 앞에 약속만 늘어놓는 우리가 저렇지 않을까 돌아보게 된다. 남의 흉을 볼 게 아니라 내가 틀림없는 저 풍신인 데야. 전에 집에 금송아지 없었다는 사람 거의 없고 나중에 보자는 놈 무섭지 않다는 우리 속담 아니라도 나중 걸고 허풍 떠는 사람 아무도 기대하지 않는다. 지금은 왜, 어째서? 아무리 봐야 형편이 썩 괜찮은 사람인데도 지금 못 하는 이유가 뭐 그다지도 많은지!

기독교가 내일의 소망의 종교임엔 틀림없다. 내일을 위해서가 아니라면 믿을 이유도 필요도 없을 것이다. 그러나 아니다. 기독교는 또한 절대적으로 오늘의 종교인 것이다. 주님은 '어제 거기'의 그 어떤 공로도 '내일 저기'의 그 어떤 화려한 청사진도 전혀 관심이 없으시다. 주님의 요구는 한결같이 '지금, 여기에!'이다. 'Now, Here!'는 바로 기독교의 요체다.

일찍이 철학사조에 에피큐리언(이즘)이란 학파가 있었다. 쾌락주의, 향락주의다. 저들의 논리는 "어제는 과거로 이미 지나가 버렸으니 없고 미래는 아직 오지 않았으니 불확실하다. 확실한 건 오직 오늘뿐이다. 고로 오늘을 즐겨라!"이다.

거 봐라. 그런데 어떻게 기독교가 쾌락주의자처럼 오늘만 중요시하란 말이냐고 항변하고 싶을는지 모르겠다. 물론이다. 다르고 말고. 쾌락주의자의 오늘은 어제와 내일이 단절된 오늘이지만 기독교의 오늘은 어제와 내일이 연결된 오늘이다. 어제 때문에 오늘이 중요하고 내일 저곳 때문에 오늘이 중요한 것이다. 어제의 허물을 사함 받을 수 있는 시점이 바로 '오늘'이며, 내일 저곳의 찬란한 영광도 바로 '오늘'이 결정한다. 오늘이 없이는 그 어느 것도 불가능한 일이다.

아마 혹자는 '지금 여기'가 자신의 일생에서 가장 불만스런 상황일 수도 있다. 어서 피했으면—제발 그냥 건너뛰었으면—싶을 수도 있다. 그러나 비결은 딱 하나, 그럴수록 오늘을 더욱 충실히 채우는 것만이 내일의 영광으로 잇는 지름길이 된다. 만약 주님께서 저가 이 고난의 터널을 잘 통과하리라 기대하고 계신다는 걸 참으로 믿는다면 누구도 오늘을 허투루 보내진 못할 것이다.

어느 익살꾼의 입담.

"세상에서 가장 귀한 3금, 그런즉 황금·소금·지금 이 세 가지는 항상 있을 것인데 그중에 제일은 지금이라."

그러니까 Present(선물)가 Present(현재)란다. 곧 하나님의 선물 중 가장 크고 귀한 선물이 바로 지금(현재)이란 말이다.

더 재미있는 풀이가 있다. 분명코 하나님은 우리에게 희망과 행복을 지금Now 여기here에 두셨다. 그런데 이 진리를 자각치 못하고 감사치 못하는 자에겐 희망과 행복은 Nowhere, 그 어디에도 없다. 거듭 되풀이하건대 만약 'Now, here'를 명확히 인식하지 않으면 그대로 'Nowhere'가 되어버린다는 것을 명심해야 한단 말이다.

그렇다. 지금 네 곁엣 사람을, 지금 네가 하고 있는 일을, 지금 네가 보고 있는 모든 것을 통한 하나님을 지금 사랑하라! 어제 그 곳에의 생색도 원망도 모두 접고 더 나은 상황을 찾아 내일 저곳으로 미루지도 말고 지금, 바로 지금 여기에 너의 온 마음을 쏟아라!!

지혜와
　　은혜

　전에 동네 어른께서 하시던 말이 아직도 생생하게 귓가에서 맴돈다. 그분은, 잘 사는 사람이라면 또 모를까 그것도 어느 정도지 당장 땟거리도 없는 아무개가 입버릇처럼 "하나님 감사합니다"를 노래 부르고 다니는 것은 도무지 이해할 수 없다는 것이었다. 그건 모지리[모자란 사람]지 차라리 그 시간에 나가서 일이나 하지 뭣 하러 날마다 교회에서 사느냐며 혀를 찼다. 물론 어느 측면에선 일리 있는 말일 수도 있지만, (당시 어린 나도 그렇다 싶었지만) 지금 나는 그분이 근본적으로 '은혜'라는 개념에 대한 바른 인식이 서 있지 못한 것을 지적하지 않을 수 없다. 설사 그 아무개가 세상적으로 많이 모자란 사람이라 할지라도 그 누구도 탓할 수 없는 감사할 은혜가 분명 그에게 있음엔 틀림없으니까.
　흔히 대부분의 사람들은, 가령 버스 사고가 나서 다른 사람

22

은 다 죽고 다치는 와중에도 저는 무탈해야 은혜요 또 믿는 사람은 뭐든지 잘 풀리고 승승장구하는 게 하나님의 자녀로서의 표징이어야 마땅하다는 인식이 거의 지배적이다. 그러나 아니다. 의인의 논에도 악인의 논에도 골고루 비를 내리시는 하나님께선 성경이 모든 사람에게 똑같이 적용되도록 알리고 가르치고 안내하고 계신다. 다만 믿는 사람은 비가 오겠다는 성경의 예보를 듣고 우산을 준비해 나가고 안 믿는 사람은 그냥 나갔다가 비를 맞고 폐렴에 걸려 죽었다면 그 결과가 바로 차이로 보일 따름이다. 결코 하나님이 그를 폐렴 걸려 죽게 하신 게 아니란 말이다.

오늘은 그 '은혜'에 대해 잠시 생각해 보기로 한다.

언젠가 나는 어느 자리에서 같은 제하의 얘기를 하면서 이솝 우화 〈여우와 신포도〉를 예화로 인용한 적이 있다.

마침 시장기가 돌던 여우가 먹이를 찾아 산모롱이를 돌아 내려오는데 거기 먹음직스런 포도가 나무에 주렁주렁 매달려 있었다. 옳지! 여우는 입맛을 다시며 펄쩍 뛰었다. 포도송이가 좀 높이 걸려 있었다. 힘껏 한 번 더 뛰었다. 아차! 곧 닿을락 말락 했다. 그래, 이번엔 되겠지. 여우는 젖 먹던 힘까지 다 모아 힘껏 펄쩍 뛰었다. 어라? 그러나 어찌된 게 이번엔 아까보다 더 못 미쳤다. 약은 여우는 제 기력이 빠져가고 있다는 걸 단박 알아차렸다. 다음엔 더 못 미칠 것이 뻔했다.

"아이, 셔!"

여우는 갑자기 입안에 신맛이 돌며 입맛이 싹 가셨다.

"에이, 시니까 안 먹어!"

맛도 없는 신 것을 굳이 먹어야 할 이유가 여우에겐 당연히 없었다. 그런데 그 포도를 까마귀가 맛있게 쪼아먹고 있었다. 여우는 애써 자기암시를 더욱 굳게 부여잡았다.

"흥! 저놈의 까마귀는 까만 포도를 먹고 까맣구나?"

제가 까만 포도를 먹지 말아야 할 더더욱 뚜렷한 이유였다. 여우는 조용히 돌아섰다.

나는 회중에게 말한다.

"만약에 여우가 기어코 그 포도를 먹고야 말겠다고 계속 뛰었다면 어떻게 됐을까요? 보나마나 기진맥진 지쳐 쓰러지고 말았을 겁니다. 포도가 시니까 안 먹겠다는 건 분명 자기위로요 지혜요 그게 바로 은혜라는 것입니다. 아마 누구는 당장 그건 자기기만이라고 말하고 싶을는지도 모르죠. 그렇지 않습니다. 진짜 자기기만이 어떤 것인지 보실까요?"

캐스트너라는 사람이 〈여우와 신포도〉의 속편을 썼다.

포도를 따먹을 것을 포기한 여우가 눈을 들어 위를 쳐다보니 까마귀가 그 포도를 맛있게 쪼아먹고 있었다. 여우는 군침을 삼키며 부러운 듯 까마귀를 쳐다보고 있었다. 신이 난 까마귀는 용용— 하고 뽐내며 더욱 맛있게 쪼아 먹었다. 여우는 계속 그렇게 까마귀만 멀거니 바라보고 있었다. 그러나 기실 그 포도는 그렇듯 맛있는 포도가 아니라 시고 쓴 개포도였던 것이다. 까마귀는 죽을 고역이었지만 그 부러워하는 여우의 눈길 때문에 먹는 것을 그만둘 수 없었으며, 이윽고 그 개포도를 으스대며 있는 대로 다 쪼아 먹은 까마귀는 그만 위궤양에 걸려 죽고 말았다는 것 아닌가.

자, 지혜로운 자기위로와 어리석은 자기기만의 차이는 너무도 확연하다. 여우에게 아픈 자괴감과 열등감을 부추긴 까마귀의 그 오만과 거만은 말씀대로 파멸을 불러 마땅했다. 그러나 여우가 포도가 시니까 안 먹겠다 해서 누가 손해나 불이익을 당했는가? 사람이 허망한 미련을 버리고 포기해야 될 때 포기할 수 있는 용기는 결코 아무나의 것이 아니다. 예수가 구세주인 건 나를 구원했기 때문이지 아무리 온 인류를 구원했어도 내가 구원받지 못한다면 무슨 의미가 있단 말인가. 거듭 강조하거니와 모름지기 무익한 욕망의 소모를 피하고 그것을 자신에게 참 위로와 유익으로 연결할 줄 아는 지혜, 그것은 무엇이든 감사할 만한 은혜인 것이다.

우리는 특히 교통사고 환자를 문병했을 때 곧잘 "어휴, 이만하기 다행"이란 위로의 인사를 거의 지정 레퍼토리로 원용한다. 한쪽 팔이 다쳤으면 두 쪽 다가 아니어서 다행이고, 설령 한 다리가 잘렸더라도 살아있으니 다행이 아닐 수 없는 것이다. 앞의 그 가난한 아무개에게도 감사할 수 있는 여지는 얼마든지 있다. 은혜는 받은 자만이 알 일이요, 받았더라도 깨달은 자만이 누리는 보물임에야.

사람의
일〔人事〕

　태초에 하나님이 말씀으로 천지를 창조하시고 말씀으로 만물을 운행하신다는 진리가 참인 것을 우리는 도처에서 어렵잖게 확인하게 된다.

　"빛이 있으라 하시매 빛이 있었고 빛과 어두움을 나누사 빛을 낮이라 어두움을 밤이라… 궁창을 하늘이라… 뭍을 땅이라 물을 바다라 칭하시니라…"–창세기 1장

　하나님은 자신이 창조한 모든 것에 각각 이름을 붙이시고 그 안에 뜻을 담았다. 그 모든 말 안에 진리가 내재해 있으므로 세상이 유지, 존속되고 있으며 동서고금의 온 인류가 이 말로 소통되는 것은 애초에 하나님이 친히 모든 말을 주셨다는 증거라 아니할 수 없다.

　사람은 누구나 무슨 일을 어떻게 해야 할지 그 고민에서 예외

인 사람은 아무도 없으며, 자나 깨나 뭔가 열심히 일을 해야 산다. 오만 사람이 오만 가지 일에 열중하고 사는 세상이지만 누구도 무엇이 가장 보람스러운 일이라 단정하지는 못하는 것 같다.

나는 오늘 우리의 그 일상적인 언어에서 사람이 꼭 해야 할 일이 과연 무엇인지 정의定義해 보고자 한다.

인사

• 눈 찡긋하든, 입 쌩긋하든, 또는 가볍게 손을 들어 보인다거나 "안녕하세요"하는 말로든, 일단 알은 체를 하는 것이다. 아는 사람을 모른 체하고 그냥 지나치는 것과 이 가벼운 알은 체의 차이는 사람 살아가는 데 지대한 영향을 미친다.

• "안녕하세요? 어머! 안색이 안 좋으신데 그동안 혹시 어디 편찮으셨어요? 바깥양반(아이들)도 안녕하시죠?"

관심을 가지고 상대를 두루 살피는 게 바로 인사다. 앞의 알은 체의 인사말은 별로 의미가 없는 형식이지만 살필 때의 인사말은 말 내용이 곧 인사다. 그리고 거기서 문제를 알았으면

• 그 문제를 해결하려는 성의가 따른다. "요새 통 뭘 못 드시는 것 같아 이것 좀 가져와 봤어요, 좀 드셔 보세요. 기운을 차리셔야죠." 등…… 여러 가지 필요를 챙기고 보살핀다. 살피는 목적이 보살피기 위함임은 두 말할 나위가 없겠다. 그 시점에 그 사람에게 꼭 필요한 것을 찾아 돌본다.

• "사람이 인사를 몰라." 하는 말들을 많이 한다. 그것은 감사를, 보답을 할 줄 모른다는 말이다. 사람이 주로 은혜를 모를 때 인사를 모른다고 말한다.(자기필요를 위해 먼저 차리는 인사도 마찬가지다.)

자, 다른 것 다 아무리 잘하고 능력이 출중해도 이상과 같은 인사를 잘 못하는 사람이라면 그 어디서도 환영받지 못한다. 그것만으로도 우리는 보살피고 돌보고 감사하는, 곧 관계에 충실하는 것이 사람이 해야 할 가장 근본적인 일이란 진리를 터득할 수 있지 않은가. '人間'이란 단어는 이미 그 자체로써 관계(사이)가 생명임을 입증한다. 앞에서도 언급한 예수님의 '큰 일'의 개념이나 짐 베커 목사의 고백처럼 하나님께서 그날에 인간을 심판하실 근거 자료는 결코 그 사람이 이루어놓은 엄청난 위업이 아니라 그가 얼마만큼 관계에 충실했느냐에 있다. 에스겔 34장을 보자. 양을 돌보지 않은 목자와 양과 양 사이의 심판에 대한 엄중 경고다.(필독을 권한다.) 나는 어쩌면, 파리한 양 곁의 살찐 양을 심판하시리란 말씀이 너무 두려워 지금 이렇게 목청을 돋우고 있는지도 모르겠다.

곁들여, 관계성의 또 다른 심판 자료를 보자.

"모든 사람과 더불어 화평함과 거룩함을 좇으라. 이것이 없이는 아무도 주를 보지 못하리라."-히 12:14

믿기만 하면 구원 받는다며 천하태평인 사람들에게 어떻게 하는 것이 믿는 것인가를 일깨워주고 있다. 그리고 그 세부적인 지침을 아래와 같이 상세하게 설명한다.

너희는 돌아보아

- 하나님 은혜에 이르지 못하는 자가 있는가
- 쓴 뿌리가 나서 괴롭게 하고 많은 사람이 이로 말미암아 더러움을 입을까
- 음행하는 자와
- 한 그릇 식물을 위하여 장자의 명분을 판 에서와 같이 망령된 자가 있을까

두려워하라.

긴 설명은 피하겠으나 이상과 같은 두려움으로 이웃을 돌보지 못한 자가 후에 축복을 기업으로 받으려고 눈물 흘리며 구하되 버린 바 되어 회개할 기회를 얻지 못하였다는 사실을 명심해야 할 것이다. 자칫 그런 사람들을 교훈으로 조심하라는 경고용으로만 받아들이지 말 것이며 저들과 더불어 화평함과 거룩함을 좇도록 해야 한다는 것이 보다 참뜻이 아닐까를 나는 지금 말하고 있다.

人事

우리는 흔히 인사발령, 인사이동 하는 말을 자주 접한다. 사람을 적재적소에 때 맞춰 배치하는 것을 '人事'로 지칭한다.(물론 이럴 땐 '事'가 '일'이 아니요 자전의 풀이대로 벼슬, 섬김, 다스림, 경영 등이 되

겠지만 어쨌든 결과는 마찬가지다.)

하나님이 인간을 창조하실 때 각자에게 알맞은 달란트를 맡기어 내보내셨다고 우리는 믿고 있다. 곧 하나님께선 그에게서 그 달란트로 영광 받기를 원하신다는 말이다. 그러니 달란트에 충실하는 것이 사람이 해야 할 마땅한 본분임을 체득하는 것도 그리 어려운 일이 아니다. 억만금, 아니 천하를 다 준다 해도, 죽은 애인이 다시 살아 돌아온다 해도 차마 사람으로서 할 수 없는 그 모진 고초를 자기 달란트를 위해 목숨 걸고 감당해 내는 사람들이 세상엔 얼마든지 있음을 본다.

다시 정리해 보자. 그러니까 반드시 내가 하지 않으면 안 될, 나만이 할 수 있는 것(남보다 더 나은 것까지 포함), 그것이 바로 나의 달란트인 것이다. 하여, 만약 자기 달란트를 나만을 위해 움켜쥐고 있다면 그 값 또한 반드시 심판 자료에 추가될 것을 각오하지 않으면 안 될 것이다.

이상, 언어로 보는 '사람의 일'을 간략하게 짚어 보았으나 관계나 달란트에의 충실은 다른 일처럼 내가 하고 싶으면 하고 하기 싫으면 안 해도 되는 것이 아니란 점이 지금 문제가 되고 있다. 그런데 별로 어려울 것도 없을 것 같은 그 일이 전적으로 하나님께서 주신 힘에 의하지 않고는 감당해낼 수 없다는 사실이 우리가 더욱 긴장하지 않을 수 없는 이유라 하겠다.

명기도

　내가 권사 임직을 하고 첫 가정예배를 드리는 저녁이었다. 절기예배나 특별예배는 늘 그렇듯이 나는 큰애에게 기도를 시켰다. 당시 큰애는 고3이었고 그즈음 아이는 기도말을 좀 다듬으려는 경향이 있어서 엄마한테 늘 주의를 받았었다. 기도는 관념적 용어보다 일상적, 사실적 용어를 쓰는 것이 좋으며 말을 만들 생각을 하지 말고 그냥 속마음을 털어놓는 식으로 하라고.
　그날 아이는 이렇게 기도했다. 여기까지 엄마를 특별한 사랑으로 인도하신 하나님께 감사드리며, 엄마가 늘 몸이 약하시니 무엇보다 건강을 지켜주시고, 이제 권사 직분을 잘 감당하여 훗날 어느 날 "다 이루었다"는 예수님의 가상架上 고백을 그대로 엄마가 재연할 수 있게 해주십사는 것이었다.
　나는 갑자기 감전된 듯 너무 흥분해서 예배 순서를 젖혀놓고 바로 아이에게 고맙다고 등을 두드려 주었다. 야아! 내가 내 아들로부터 그런 멋진 기도를 받다니 천지가 내것인 양 활짝 핀 얼굴로 몹시 좋아라 했다.

아이는 어리둥절해 했다. 나는 역력히 그것을 피부로 느낄 수 있었다. 아이는 처음 내가 제 등에 손을 대니 움찔했었다. 앗차! 그놈의 '가상' '재연' 하는 용어 때문에 엄마가 영락없이 또 잔소리 하리라 싶었는데 엉뚱하게 칭찬에다 어찌나 좋아하는지 어리둥절할 밖에. 그것을 너무 잘 알고 있는 나는 짐짓 더욱 분명하게 힘주어 말했다.

"오늘 기도 최고야. 한자어라고 무조건 다 관념적인 건 아니지. 아암— 좋았어. 아주 좋았어."

정말이지 나는 누구, 나보다 더 행복한 사람 있으면 나와 보라고 외치고 싶은 심정이었다.

대부분의 한국 가정이 비슷하겠지만 젊었을 때 나의 가장 큰 핸디캡은 내겐 나를 위해 기도해 줄 가족이 없다는 것이었다. 겨우 뛰어다니는 아이들을 붙잡고 이렇게이렇게 기도해 달라고 복창시키는 게 고작이었고, 애들은 무슨 뜻인지 아는지 모르는지 엄마가 하라는 대로 외우면 그만이었다. 그런데 어느새 개들이 커서 자의로 엄마를 위해 그런 기도를 드려주다니 왜 아니겠는가.

재미있는 얘기 하나. 나는 젊었을 적부터 동창신우회를 꾸려오고 있는데 처음엔 친구와 교대로 인도했었다. 그런데 그 친구는 어려운 일이 생기거나 힘들 땐 미꾸라지처럼 잘도 빠져나가면서 모든 걸 내게 미뤄버리는 것이었다. 보다 못한 내가 어느 날, 왜 나만 힘들어야 하느냐고 투정했더니 그 친구 태연하게 내뱉는 말이 정말 일품이었다.

"그러엄. 당연하지. 네가 힘들어야지 그럼 내가 힘들어야 하니? 너와 난 차원이 달라."

이 말은, 자기는 장로 딸에 장로 마나님인데 인제야 저 혼자서 믿는다고 끙끙거리는 나와 어떻게 같아야겠느냔 것이다. 어이가 없었지만 나는 지당하신 말씀이라며 수용하기로 했다. 제가 나보다 더 편해야 하는 것은 거저 된 것이 아니라는데야.

"맞다, 맞다. 그래, 내가 힘들게."

그때 그 친구의 그 당당한 농담이 어찌 그리 부러웠던지!

한동안 나더러 명예장로직을 받으라고 주위에서들 성화였다. 내가 하도 완강하게 고사하니까 교회 직분은 곁에서 권할 때 너무 그러는 게 아니라고 협박까지 하는 것이었다. 유난히도 남존여비 사상이 완고한 목사님 덕분에 나는 성도들로부터 가부간 투표 한 번 받아보지도 못 하고 권사 은퇴를 하고 말았으니 명예장로가 이제 와서 무슨 의미가 있단 말인가. 교회 제도의 불합리와 교회 부조리의 광정匡正을 위해 한평생을 거의 바친 셈이니 한恨이야 없을 수 없겠지만 그러나 내가 싸운 건 당연한 성도의 도리였지 어느 개인의 실리를 위함이 아니었노라 자위하고 싶다. 다 주님의 뜻일 테니까.

나의 명예장로 고사의 변이 좀 거창했는지 모르겠다.

"난 그동안 장로 노릇(?) 하느라 제대로 권사 노릇을 하지 못한 게 맘에 걸린다. 내 비록 교회 조직에선 은퇴했지만 30년 전 내 아들의 그 고마운 기도와 또 내가 하나님께 드렸던 서원은 아직 살아 있다. 난 남은 생은 이를 채우기 위해 애쓰고 싶다."

이삿짐 정리를 하다 보니 그동안 여기저기서 받은 감사패, 공로패, 기념패가 여럿 있었다. 나는 그런 데엔 별로 관심이 없는 사람이지만 문득 묘한 기분이 되어 '은퇴 권사 기념패'를 한참 동안 그렇게 들여다보고 있었다.

이윽고 나는 그것을 꺼내어 서재의 서가에 곱게 세워 놓았다. 그 기념패의 칭송이 나와는 너무 거리가 먼 것이었기에 '그래! 이 패에 부응하는 삶이 앞으로 나의 여생이 되어지이다.' 하는 간절한 소망으로.

명설교

누가 죽어서 천국엘 가 봤더니 목사는 외치는 입만, 장로는 돈 낸 손만, 교인들은 교회 왔다 갔다 하는 발만 와 있더란다. 아무리 우스갯소리지만 그냥 흘려 넘길 일이 아니다. 쓰고 싶은 데 쓰지도 못 하고 아끼고 아꼈다가 있는 대로 바친 손만 간 장로나, 바쁘고 피곤한 세상살이에도 열심히 왔다 갔다 한 발만 간 성도들도 억울하긴 마찬가지겠지만 다른 좋고 떵떵거릴 일도 하고많은데 하필이면 직업 종교인이 되어 일생을 금욕하며 살았거늘 입만 천국 간 목사도 참으로 딱하다.

이 얘기 끝에 평소 허물없는 사이인 모 장로가 불쑥 끼어들었다. 설사 그렇더라도 목사는 억울할 것 전혀 없단다. 그동안 먹고라도 살지 않았느냐고. 이때다 싶어 내가 냉큼 주워 받아 손뼉을 치며 짐짓 호들갑을 떨었다. 맞다! 옳거니! 그러나 우린(장로·권사)

억울해서 절대 안 된다. 목사야 어차피 밑져야 본전이니 내비 두고 우리나 정신 똑바로 차리고 구백당쯤 올라가다 미끄러지지 말고 교회 잘 섬기고 잘해 보자고. 그 장로가 처음 그 말을 꺼낸 의도야 뻔했지만 물꼬를 틀어버리니 애기가 묘히게 흐르자 그는 씁쓸하게 웃고 만다.

세상사 쉬운 게 뭐 있을까만 그래도 옛날엔 그렇잖았는데 요즘은 속俗말로 정말 목사도 못해 먹을 노릇이다. 언제부턴가 목사가 교인들의 껌이 되어버렸으니…… 그래봤자 자기 신앙만 손해지 그래서 뭐가 달라지는데? 18번 내 문자가 나올 차례다. 인간은 누구나 완벽할 수는 없는 것. 우리 목사님이 저것은 좀 부족해도 이 점은 괜찮으니 어쨌든 열심히 해주십사 힘을 실어 드려야잖겠느냐고. 어느 심리학자가 그랬다. 행복한 사람은 제가 가지고 있는 것을 사랑하고 불행한 사람은 가지고 있지 않은 것을 사랑하는 사람이라고.

그런데 요즘은 시병時病처럼 교회가 시끌시끌하다. 이쪽은 가방끈이 짧아 석박사 아니라고 안 된다. 저쪽은 영적 능력이 없어서 틀렸다. 그쪽은 너무 세속적이고 요쪽은 너무 독재를 한다나. 이쪽, 저쪽, 그쪽, 요쪽, 모두 한 가지 공통점은 목사의 설교가 감초다. 이러면 이래서 탈이요 저러면 저래서 탈이다. 제 입맛에 안 맞고 제 취향이 아니어서 싫다는 거야 이해할 수 있다. 아니, 어쩌면 그건 지극히 당연하다. 또 은혜를 받고 못 받고도 마찬가지다. 은혜는 반드시 끼치는 쪽의 능력에만 달린 게 아니요 받는 자세 탓일 때가 더 많으니까. 좋든 싫든, 은혜를 받고 못 받고는 그 사람 자신의 주관적인 문제다. 그러나 걸핏하면 설교를 잘하느니 못 하느니 매도하는데 그건 아니다. 물론 무엇이나 잘 할 수도 못 할 수도 있고, 또 얼마든지 개인차가 있을 수 있다. 그러나 지금 이러쿵저러쿵 하고 있는 사람이 과연 그만큼 객관적으로 판단력을 인정받는 수준의 사람인지는 모를 일이다. 다시 말하면 뭘 잘 한다 못 한다는 판단은 적어도 판단 받는 자보단 나은 사람이 할 수 있는 일이란 말이다. 사람은 남을 덮어놓고 판단함으로 은근히 자신의 우월성에 대한 반사이익을 노리는 좋지 않은 근성이 있다.(진정 그가 우월한지는 또 누군가의 판단을 받아봐야겠지만)

여기 재미있는 일화가 있다. 어느 교회에 어지간히 목사님의 가시노릇을 하는 한 장로님이 있었다. 예배만 끝나면 어느 날이라고 목사님의 설교를 씹고 뜯지 않는 날이 없었다. 견디다 못한 목사님이 궁리 끝에 어느 헌신 예배 날, 그럴싸한 이유를 붙여 그 장로님께 한 시간 예배를 인도해 주십사 미리 정중히 요청했다. 온 교인들 눈이 확 뜨이도록 잘 부탁한다고 덧붙이며. 장로님은 속으로 '흥! 그러지. 내 한 번 본때를 보여주꼬마.' 별렀다. 그 장로님은 넉살도 좋고 구변이 썩 좋은 편이었다.

당일, 장로님은 메모지 한 장 달랑 들고 거만하게 배를 내밀고 위풍당당하게 단에 섰다. 그런데 이게 웬일? 인사를 하고 고개를 들어 회중의 얼굴을 마주하는 순간 갑자기 온 예배당 안이 새하얗게 변해버렸다. 앞엣 성도들의 눈·코·입이 분명치 않았다. 가슴은 콩콩— 방망이질을 하며 숨이 차올랐다. 어머야! 말도 안 되는 몇 마디를 횡설수설하고 그만 하단하고 말았다. ×망신이었다. 그 뒤론 다시는 그가 설교 가지고 목사님을 괴롭히지 않았다는 후문.

나는 지금 학습 부족으로 처음이라서 당황해 실패한 케이스를 말하는 것이 아니다. 물론 아무리 탁월한 사람도 뭐든지 처음부터 잘하는 사람은 드물다. 특히 대중 앞에서 제 소견을 잘 표현하기란 생각만큼 그리 쉬운 일이 아니다. 그렇다고, 학습만 풍부하면 누구나 잘 해내는 것도 아니다. 그렇다면 은퇴 목사나 은퇴 무렵의 목사가 설교를 가장 잘한다는 논리가 되어버리니 그게 아니란 말이다. 은사는 각각이다. 시인이 소설도 평론도 드라마도 다 잘 쓰는 게 못 되듯이 좌담의 달인이라도 명강의 명강연을 척척 잘 해낼 수 있는 것도 아니다. 특히 오늘 내가 말하려는 '설교'라는 장르는 실로 불가사의하다 아니할 수 없다.

학식이 많고 거기에 은사를 받으면 설교를 잘한다? 틀린 말은 아니다. 그러나 꼭 맞는 말도 아니다. 청산유수로 유려하게 요령껏 잘 꿰맞춘다 해서 잘 한 설교라곤 할 수 없으며, 또 흠잡을 데 없이 완벽하게 열심히 잘 했는데도 정작 회중이 전혀 은혜를 받지 못할 수도 얼마든지 있다는 말이다.

자, 보자. 옛날, 지금처럼 모든 정보가 열려 있는 시대가 아니었다. 어느 초임 목사가 초장부터 교인들을 제압해야겠다 싶어 우리나라에서 가장 설교를 잘한다는 유명한 목사님의 설교 원고를 한 자도 틀리지 않게 외워 가지고 단에 섰다. 그는 자던 사람도 벌떡 일으킨다는 웅변 특기생이었다. 그런데 너무도 뜻밖의 사태가 벌어진 것이다. 똑같은 원고로 똑같이, 아니 더 잘했는데도 분위기는 너무도 냉랭했다. 교인들이 그 내용을 이미 알고 있어서도 아니었다. 그럼 왜, 무엇 때문인가? [사례 1]

설사 아무리 큰 감동을 받았어도 그것이 꼭 잘한 설교가 되지 못하는 경우는 얼마든지 있다. '감동=은혜=명설교'라는 등식은 처음부터 계산착오일 수 있다.

한동안 냉동실에서 일주일 만에 살아났다는 어느 여 집사의 간증 바람이 세상을 떠들썩하게 한 적이 있었다. 그 기적 앞에 사람들은 은혜에 취해 온통 난리였다. 그런데 그것이 사기극이었다는 게 판명이 났다. 그럴싸한 그 모든 것들이 어찌 거짓말이었단 말인가. 사람들은 어이가 없었다. 항의와 질책이 빗발쳤다. 그런데 모두는 그 여인의 너무도 태연한 태도에 더욱 아연실색했다. 왈, 어떻게든 은혜를 받았으면 됐지 뭘 그러느냐고. [사례 2]

오늘 목회자들은 어떻게든 은혜를 끼쳐야 한다는 강박증에 너무 사로잡혀 있는 것 같다. 그러니 사례 1, 2와 같은 흉내도 불사한다. 설교는 하나님께가 아니요 사람 상대인데 뭐 어떠냐. 어떤 것이 보다 효과적(?)인지 테크닉 차원으로 가하다고 강변한다. 어휴— 하긴 그 잦은 예배마다 은혜를 끼치자니 레퍼토리는 다양할수록 좋고 그런 무리수도 불가피했을까? 그런데 내가 한 가지 궁금하고 또 안타까운 것은 왜 시간마다 꼭 말로 가득 채우려 하는가이다. 내가 말하려는 명설교는 보여주는 설교다. 몸으로, 삶으로 보여주는 설교는 왜 그 레퍼토리엔 들어 있지 않은가. 예수님은 기도를 가르치실 때 이방인들은 말을 많이 해야 하나님이 들으실 거라 생각한다고, 그들처럼 중언부언하지 말라고 하셨다. 어떤 목회자들은 그렇듯 화려한 말잔치에 은혜와 감동이 있다고 착각한다. 오늘날 사람들은 영악해서 그것을 뒷받침할 만한 특별한 장치가 없을 땐 마음문을 여는 데 그만큼 인색하다는 걸 몰라서일까?

물론 나는 그동안 여러 목사님들의 설교에서 많은 은혜를 받았다. 그 중에서도 지금도 내 기억에 생생하게 살아있는, 잊혀지지 않는 한 분의 귀한 모습을 소개하고 싶다. 그분은 미국에서 이민 목회를 하시는 분이라고 사회자가 소개했지만 언변에 그다지 능한 분은 아니었다. 복음서의 열두 해 혈루병을 앓고 있는 여인이 예수님 옷자락만 만져도 제 병이 나을 것 같은 믿음으로 사람들 속을 비집고 어떻게든 예수님 가까이 가려던 그 간절함에서 자신의 믿음이 눈 떴노라는 간증이었는데, 생각만큼 자기 의중이 잘 설명되지 않는지 그분은 연신 얼굴의 진땀을 훔쳐내며 금방이라도 울음이 터질 것 같았다. 물론 이미 귀에 딱지가 앉은 요절이었지만 전하는 그분의 모습은 그렇게 신선할 수가 없었다. 혹자는 그 절절

매는 모습에서 웃음을 참고 있는지도 모르지만 나는 속으로 '아, 바로 저거다!' 하는 탄성이 튀어나왔다. 내 눈은 이미 젖어 있었다. 제가 받은 은혜를 어떻게 하면 그대로 전할 수 있을까? 제게 은혜를 주신 아버지께서 부디 저들에게도 똑같이 깨닫게 해주시길 간원懇願하는 사랑이 곧 설교다. 은혜는 내가 끼치는 것이 아니니까 하나님께 매달리는 것이다.[사례 3]

전하는 자의 제1되는 덕목은 소명의식이다. 그것을 나는 신실한, 정직한 사랑이라고 이름한다. 지적 실력? 영적 능력? 물론 다 필요하고 중요하다. 그러나 가당치도 않게 한껏 자신을 돋보이도록 포장하는 데만 여념이 없는, 마치 자신의 말솜씨가 은혜 보따리인 양 나르시스처럼 취해 있다면 그를 부르신 하나님의 마음은 과연 어떠실까?

설교는 반드시, 하나님의 사랑이 내 안에 들어와 내 속을 헤집고 흔들어 놓은 후 다시 내 폐부로부터 터져나온 새로운 모습의 내 말이 아니어선 안 된다. 여전히 남의 말인 채로 허공에 떠 있는 것을 그대로 뱉어낸다면 회중은 신기하게도 그것을 알아차린다. 네 말인지 내 말인지를. 하나님은 인간에게 그런 특이한 분별력을 주셨기 때문이다.[사례 1] 감동? 감동은 '사례 2'가 더 많이 주었다. 거짓 선지자도 얼마든지 더 큰 감동을 줄 수 있다. 만약 아무 감동도 주지 못했다면 누가 따라다니겠는가. 그러나 은혜는 하나님만이 주시는 것이다. 비록 누구를, 무엇을 통해서지만. 만약 내가 그 도구나 통로가 되어질 수만 있다면 감읍할 뿐, 나를 포장하여 하나님이 되는 우愚를 범해서야. 물론 누구나 세상에 널려 있는 '지당하신' 남의 말을 전하고 있다. 그러나 그것은 저마다 전하고자 하는 분명한 제 말이 있기 때문이다. 그것이 곧 목적이었으니까. 인용은 어디까지나 목적을 위한 수단일 뿐이요, 제 분수껏 가식 없는 정직으로 호소하는 것보다 더 은혜를 끼칠 수 있는 무기는 없다.

진짜 잘하는 명설교는 지금껏 저 잘난 체만 하고 살아왔으나 알고 보니 제가 천하에 둘도 없는 죄인이란 걸 깨닫게, 고백이 터져 나오게 하는 것이다. 자신이 그렇듯 형편없는 인간이었던가! 부끄러워 쥐구멍이라도 찾고 싶도록 만들어주는 것 말이다.

지식은 내가 이만큼이나 알고 있다는 자랑이요 지혜는 나는 더 이상 아무것도 알지 못한다는 겸손이라 했다. 설교說敎가 말씀으로 가르치는 것이라면 설교를 듣고 얻은 것은 결코 지식일 수가 없다. 내게 은혜 주신 사랑의 주님을 소망하고 나 또한 그 사랑을 신명을 바쳐 전하고자 하는 애끓는 몸부림을 오롯이 회중에게 보여주었다면 그것이 바로 명설교인 것이다.

내가 지금 유난히 그 무엇에도 우선優先한 '절대소명의식'을 강조하는 것은, 아무리 탁월한 지식이나 특출한 영적 은사라도 그것을 하나님의 뜻과는 전혀 무관하게 사용하는 사람들이 의외로 많기 때문이다.

오늘의 세대는 들려주는 설교보다 보여주는 설교에 더 목마
르다.

만인제사장

사람은 꼭 제가 좋아 신명 나서 하는 일이 아니라도, 전혀 의도하지도, 계획한 바도 없이 엉겁결에 떠맡은 일인데도 의외로 썩 잘 해내는 경우가 있다. 가끔 그럴 때 제 달란트를 발견했다고들 간증한다.

언제부터인가 내가 직업종교인도 아니면서 아주 당연하게 사람들 앞에서 말씀을 전하게 됐는지 돌이켜 보면 나도 참 웃기는 짜장면이다 싶다. 나는 누가 봐도 시원찮게 빌빌하면서도 예배를 인도할 때는 얼굴이 화안하다고들 신기해한다. 팔자소관이라고. 글쎄, 무슨 놈의 팔자가 남은 강사료를 받고 전하는데 나는 꼭 감사헌금을 내고 인도했다.

긴 세월동안 많은 예배를 인도했지만 여기 좀 색다른 예배를 들어본다.

젊었을 적 집사 때부터 마음 맞는 교우들끼리 모임을 가졌었다. 매월 얼마씩 모아서 나눠주고 다녔다.

하루는 시내 어느 영아원을 심방하게 되었다. 규모가 꽤 커 보였다. 그런데 그곳 직원들이 우리더러 예배를 드려주기를 원했다. 어머! 그냥 헌금이나 전해주고 분위기 봐서 기도 정도는 해야겠다 싶었지만 준비도 없는 예배라니 난감했다. 결국 에라 모르겠다. 성경 한 절 읽고 기도하면 그게 예배지 뭐.

아마 모세 이야기를 본문으로 삼았을 것이다.(그곳은 버려진 아기들을 데려다 키우는 곳이었다.) 지금도 내가 기억하고 있는 것은 그때 내가 한 말의 내용이다.

여러분은 참으로 좋은 일을 하고 계십니다. 여기 있는 아기들은 세상에서 가장 불쌍한 아기들입니다. 귀한 생명이 축복 받고 태어나지 못했기 때문입니다. 그러나 그것은 아주 초등학생 수준의 말입니다. 하나님의 원대하신 계획과 섭리를 누가 감히 단칼로 이것이다, 저것이다, 단언할 수 있을까요? 이스라엘의 지도자 모세도 기아棄兒였습니다. 인류 역사를 새로 쓴 위대한 인물 중에 축복 받지 못하고 태어난 생명은 부지기수입니다. 공자가 그렇고 이제마, 허준…… 세상적인 기준으로 본다면 예수님도 그렇습니다. 사람이 어떻게 태어나느냐는 그 당사자의 의지와는 아무 상관이 없습니다. 오로지 하나님의 뜻일 따름입니다. 그러면 하나님은 왜 그런

절차로 그들을 세상에 보내셨을까요? (중략)

여러분은 그저 인도주의적으로 불쌍한 아기들을 돌보는 좋은 일을 하고 있다는 자위 정도에 머물러선 안 됩니다. 여러분은 자신이 길러낸 아이가 반드시 역사를 바꿀 거라 믿으십시오. 그리고 자신은 지금 바로 그 위대한 일에 동참하고 있다는 자부심을 가지셔야 합니다…… (하략)

나는 그날 내내 내가 한 내 말에 흥분하고 있었다.

어느 날 갑자기 절친한 친구 아버지가 돌아가셨다는 부음을 들었다. 그 친구 아버지는 매일 아침 산책을 나가시는데 그날따라 좀 일찍 어둑어둑할 때 나가셨다고 한다. 쌩쌩 강변을 달리던 새벽 차에 사고를 당하신 것이다. 하필하고 어두우니까 다음 차에 연속 당하셔서 시신을 분간하기가 힘들 정도였단다. 유난히 나를 친딸처럼 귀애해 주신 분이셨다.

빈소에 가니 마침 친구 교회의 교인들이 와서 예배를 드리고 있었다. 나도 구석에 끼어서 함께 예배를 드렸다.

교인들이 돌아가고 내가 친구 곁으로 갔을 때 친구의 얼굴엔 어두운 그늘이 드리워져 있었다. 그가 말했다.

"왜 이렇게 불안하지?"

아버지의 연세로야 그리 억울할 건 없더라도 지금껏 남 해코지 한 번 할 줄 모르시던 좋으신 분이 왜 그렇게 비참하게 가셔야 했느냐고 아파했다. 친구는 나더러 다시 예배를 드려달라는 것이었다.

친구의 심정이야 십분 이해할 수 있었지만 나는 당황했다. 내가 권사 된 지는 한참이지만 그때까지 나는 목사님 외에 그것도 여자가 빈소에서 예배 인도하는 걸 본 적도 없었다.

"예배는 방금 목사님이 드렸잖어."

나는 하나마나한 소리를 하고 있었다. 아, 이걸 어쩐다지……

결국 또 나는 동생들과 무릎을 꿇었다. 가슴 아파하는 안쓰런 친구를 위해 내가 할 수 있는 일이 그것뿐인데야. 저쪽에는 친구 남편의 손님들이 와 있었다.

나는 우선 장례식 때 많이 부르는 찬송을 하나 고르고 그 찬송 제목 밑에 소개된 성경 요절을 찾았다. 나는 행여 누가 들을세라 소곤소곤 말하고 있었다.

나는 그때 영아원에서 했던 말로부터 시작했다. 사람이 태어나고 죽는 것은 당사자의 의지와는 전혀 상관이 없다. 그 누구도 그렇게 오고 싶어 와서 그렇게 가고 싶어 간 사람은 아무도 없다. 나와 상관이 있고 내게 책임이 있다면 어떻게 와서 어떻게 가느냐가 아니라 오직 어떻게 사느냐뿐이다. 왜 그런 쓸데없는 생각을 하는가. 죄 때문에, 죄만큼 죽음이 비참해야 한다면 이 세상에 예수님만큼 저주받은 죄인이 또 어디 있던가. 새삼스레 여기 예거할 필요도 없이 역사상 벼락 맞은 의인이 어디 한두 명인가. 쓸데없이 누가 그런 가당찮은 의미를 찍어붙이라고 했는가…….

나는 친구를 질책했고, 어느 시대나 항상 의인의 억울한 수난만이 곧 인류 역사를 지탱해온 힘이었다는 거창한 논리까지 등장했다. 가만! 공연히 힘 뺄 필요도 없다는 생각이 들었다. 나는 간단한 결론으로 효과를 노렸다.

“그래, 아버지의 삶이 부끄러웠다면 그거 가지고나 실컷 고민해라. 헛똑똑이야…….”

친구는 싱긋이 웃었다. 확실히 표정이 바뀌어 있었다. 위로의 주님께서 어찌 그냥 두시겠는가.

네가 소돔성의
의인이   되라

대부분이 그러하겠지만 나는 처음 성경을 읽을 때 도무지 상식적으로 이해가 안 되는 대목들이 있어 몹시 난감했었다. 성경인데 어찌 감히 이런 어불성설의 문맥을 버젓이 용인하고 있을까? 그 이유를 찾아 끙끙거렸고 자그마치 강산이 몇 번이 변하기까지 그 씨름은 계속되었던 것 같다.

그런데 나는 지금 성경이니까 빼버려야 한다고 생각했던 요절들을 골라 오히려 '그래서 성경'이라고 강변하는 사람이 되고 말았으니 참으로 사람이란 알다가도 모를 물건인가 보다.

그러면 우선 예수님의 무화과나무 저주 사건을 보자.

"예수께서 ①시장하신지라 멀리서 잎사귀 있는 한 무화과나무를 보시고 ②혹 그 나무에 무엇이 있을까 하여 가셨더니 가서 보신즉 잎사귀 외에 아무것도 없더라. ③이는 무화과의 때가 아님

이라."-막 11:12-13

　예수님이 나무에서 열매를 못 얻자 홧김에 무화과나무를 뿌리째 말라 죽도록 저주하셨다? 실로 황당무계한 노릇이 아닐 수 없다. 일개 필부도 아니요 메시아가 아무리 좀 시장하셨기로(사십 일씩이나 금식도 하셨으면서)…… 혹자는 이 점을 예수께서 짐짓 연약한 인성(人性)을 보이신 거라고 설명하려 들지만 그것도 억지춘향이다. 그렇더라도 ③은 빼버렸어야 했다. 무화과나무가 무슨 죄란 말인가.

　이 대목은 열매(믿음)는 없고 잎만 무성한 유대교도들의 형식적·외식적 종교의식주의를 질타하신 것으로, 그동안 많은 목사님으로부터 귀에 딱지가 앉도록 들어왔다.

　또 단박 무화과나무를 말려 죽인 예수님의 이적에 놀란 제자들에게 예수님은 곧 이어 참 믿음이 있으면 산을 옮길 수도 있다고 믿음을 강조하신다. 그 점도 찜찜하긴 매일반이다. 예수님의 능력을 증명하는데 구태여 무화과나무를 말려 죽일 것이 아니라 차라리 무화과나무더러 열매를 내라고 명령을 하시는 게 보다 예수님답지 않았을까?

　성경에 예수님의 수많은 이적기사는 모두 살리는 것인데 유독 이 대목만 죽이는 것이었다고들 말한다. 그래서? 왜? …… 어쨌거나 나는 지금껏 안타깝게도 위 두 요절 그대로를 두고 완벽하고 개운한 해석을 그 어디서도 들을 수 없었다.

예수님의 황당한 요구는 그 밖에도 있었다. 베드로에게 물 위로 걸어오라고 명하셨다. 벳세다 광야에서 수만의 무리에게 제자들더러 "너희가 먹을 것을 주어라"고도 하셨다. 농담이 아니고서야 제자들은 어이가 없었을 것이다. 그런데 결과는 어땠는가? 베드로도 분명 물 위를 걸었고 어쨌든 제자들은 그 수만의 사람들에게 열심히 먹을 것을 날랐으며 열두 광주리나 남았다. 어떤 사람들은 위 사건들(예수님의 부활까지)을 환상이나 착시현상이라고 설명하려 들지만 나는 위 사건들에서 비로소 무화과나무 사건까지 한꺼번에 풀리는 것을 본 것이다.

예수님은 결코 농담을 즐기지 않으셨다. 허언은 더더욱 하시는 분이 아니다. 예수님이 우리에게 뭘 요구하셨다면 그것이 얼마든지 가능하기 때문이다. 왜냐하면 예수님은 자신이 명하시곤 몰라라 구경만 하시는 것이 아니라 반드시 그분 자신이 이를 보장하시기 때문이다.

무화과의 때가 아니라고? 바보처럼 나는 그동안 그 말 때문에 혼란에 빠졌었다. 그러나 그것은 바깥사람들의 견해요 만약 예수님이 요구하셨다면 '그때가 바로 제 때'인 것이다. 우리가 모두 힘쓰고 애쓰는 건 그분이 요구하실 그때 빈손이 아니기를 위해서가 아니겠는가.

어떤 갸륵한 효자가 병환이 난 노모를 위해 한겨울에 딸기를 구하러 산 속을 헤맸다던 옛날 얘기를 우리는 알고 있다. 옛날 같으면 엄두도 못 낼 일이지만 지금은 산신령이 아니라도 한겨울에 딸기 아니라 수박, 참외…… 그 어떤 것이라도 사시장철 얼마든지 구할 수 있다. 다른 농사도 이모작 삼모작을 한다. 이 모두가 외계인에 의해서가 아니요 우리 스스로 해낸 것이다. 그러니 예수님은 결코 우리가 할 수 없는 무리한 요구를 하시는 분이 아니요 만약 그럼에도 불구하고 우리가 부응해 드리지 못했다면 그것은 오로지 '악하고 게으른'-마 25:26 내 탓일 뿐이며 무화과나무처럼 찍혀 버리움이 마땅할 것이다.

앞에서 예수님이시기에 그래선 안 되잖느냐고 했지만 나는 지금 예수님이시기에 그래야만 했고 그러실 수밖에 없었다는 걸 통감한다. 그분은 사랑이 무한하신 우리의 구원자이시지만 또한 그분은 불가불 우리의 심판주이시기 때문이다. 그러니까 요컨대, 일흔 번씩 일곱 번이라도 용서하시는 그토록 관대하신 그분이 또한 그토록 단호하고 엄위하신 분이라는 걸 명심해야 하는 것이다.

자, 이야기가 한결 쉬워진 것 같다.

주님은 우리에게 이 혼탁한 소돔성을 구하라고 명하신다. 곧 내가 의인이 되어서 말이다.

어림 반푼도 없는 소리? 사람들은 기절초풍한다. 어찌 감히 나 같은 죄인이 "의인은 없나니 하나도 없다"는 그 의인이 되어 소돔성을 구하라는 말인가. 텍도 없다고 지극히 당연하게 어쩌면 그다지도 하나같이 겸손들 하실까? 지금껏 한껏 잘난 척 잘도 유세더니 어떻게 그렇듯 갑자기 죄인이 되고 낮아지시는지! 그것은 물론 두말할 나위 없이 성가시고 귀찮은 걸 면피해 보려는 뻔한 이기심일 뿐이다. 때가 아니고 나는 아니고? 그런데 문제는 예수님이 시방 우리에게 할 수 있다고 하시는데야.

아무렴! 그것은 아주 간단하고 쉬운 일이다. 오늘 소돔성이 멸망의 위기에 처한 것은 바로 '악하고 게으른' 나 때문이란 사실만 인정하면 된다. 지금 나만 핑계대지 않고 순종하면 소돔성은 산다. 나만 깨어나면 소돔성은 산다.

그렇다. 죄악이 관영한 소돔성이 멸망한 것이 죄악 때문이 아니라 의인 열 명이 없었기 때문이란 말이 무슨 뜻인지 음미해 보라. 너는 소돔성을 구할, 구해야 할 의인이다. 너는 반드시 해낼 것이다. 왜냐하면 그분이 그것을 기대하고 계시니까.

참순종

요즘 한창 첫사랑에 취해 있는 신참 권사가 가끔 전화로 성경 말씀을 물어오는 통에 내심 기쁘면서도 조금 곤혹스러울 때가 있다. 글쎄, 신참 집사라면 또 모를까 명색이 권사한테 너무 초보적인 말을 할 수도 없고 깊이 얘기하면 잘 못 알아듣는 것 같아서 말이다. 마치 제 엄마라도 되는 양 본 대로 들은 대로 꼭 처음 말 배우는 어린 아이처럼 뭐가 그리도 궁금한지, 그녀의 천진함이 부럽기까지 하다. 어젯밤엔 어디서 뭘 읽었는지

"권사님! 또 뭐 좀 물어봐야겠다. 예수님은 물로 포도주를 만들었는데 오늘날 교회는 포도주를 물로 만들고 있다. 이것은 더 놀라운 기적이다……. 이거 좋은 말이에요 나쁜 말이에요?" 한다.

나는 정신이 번쩍 들었다.

"글쎄…"

그냥 가볍게 넘길까. 진지하게 대답할까. 먼저 방향을 정해야
했다.

"요즘 권사님 책 많이 읽는 것 같네. 좋아, 좋았어!"

물론 제대로 된 글을 읽은 게 아니라 어디서 어록 정도 읽었
을 것이다. 그러니까 저리 몽롱해 하지. 그녀는 나를 기대하고 있는
데 시원하게 가닥을 잡아주지 않으면 실망이 클 것이었다.

"권사님, 나도 그렇네. 하지만 일단 문맥상으론 부정적인 말 같
은데…… 가만 있자…… 어쨌든 예수님과 반대로 한 기적이니 칭
찬일 리 없고…… 자, 봐봐요. 예수님은 물을 포도주로 만든 게 아
니고 물로 포도주를 만드셨고 교회는 포도주로 물을 만든 게 아니
라 포도주를 물로 <u>만들고 있으니</u> 그게 답이거든."

말을 해 놓고 보니 썩 명답이었으나 틀림없이 그녀가 더 어리
바리 할 것 같아 걱정이었는데 그녀는 몹시 놀라는 반응을 분명하
게 나타냈다. 제가 딱 한 번 보고 읽었을 뿐인데 어떻게 그렇게 토
씨를 정확하게 기억하고 있느냐고.

"아, 그건… 음… 실은 키엘케골이 한 말인데 한마디로 교회가
잘못하고 있다는 거지 뭐."

가뜩이나 시방 은혜에 취해 있는 사람한테 구태여 고춧가루
를 뿌릴 것까진 없겠고, 나는 정색하며

"뭘 너무 한꺼번에 다 알려고 하지 말아요. 시간이 지나면 자
연히 알게 되니까. 그냥 찬송하고 기도만 하면 되요."

"그럼요. 그럼요."

그녀는 내가 키엘케골을 알아맞힌 것에 압도(?)당해서(실은 나도 어디서 귀동냥한 거지만) 뭘 너무 많이 알려고 하지 말라는 충고를 고맙게 알아먹는 것 같았다. 후유―

정말이지 요즘 두루 교회 실태를 보면 교회무용론이 진하게 피부에 와닿는다. 때로, 뭣 때문에 저런 교회를 꼭 다녀야 하나 싶으면서도 '하긴 예수님도 교회를 뒤엎으면서 한 번도 교회를 폐하라곤 하지 않으셨으니까……' 하고 고개를 끄덕인다. 보기에 따라선 비록 세상보다 한술 더 뜨는 세속화된 교회지만 그럴수록 그 교회가 있어 말씀대로 살려고 몸부림치는 참 하나님의 사람들이 얼마든지 있는데… 싶으면 다시 새 힘을 얻는다.

이상하게 나는 마음이 스산할 때면 저절로 떠오르는 요절이 있다. 말세엔, 불의한 자는 불의한 대로 더러운 자는 더러운 대로 의로운 자는 의로운 대로 거룩한 자는 거룩하도록 그냥 그대로 두라고 했다.―계 22:11 하나님도 그날에 심판거리가 있어야 심판하실 테니까? 다만 이럴 때 나는 어떻게 해야 될 것인가만 신경 쓰면 된다. 모두가 그렇게 나온다면 문제는 간단히 끝난 것 아닌가. (웃음)

나는 오늘 교회가 너무 교회 운영만 걱정하지 말고 좀더 말씀을 철저히 가르쳤으면 좋겠다. 교회마다 성경공부는 앞 다퉈 열불 내는데 어찌하여 성도들은 별로 달라지지 않는지! 글쎄, 예수님은 등골에 땀이 서리도록 팔복을 가르치셨는데 오늘 교회는 귀가 솔깃한 오복만 가르치고 있으니 어쩌면 그것이 답이 아닐는지 모르겠다.

기독교의 근간이 순종임은 두 말할 나위가 없겠다. 천천의 수양이나 만만의 기름이 강물 되어 흐른다 할지라도 제사보다 나은 것이 순종이라고 우리는 귀에 딱지가 앉도록 배워 알고 있다. 인간관계도 마찬가지다. '예' 해야 될 때 '예'라고 화답하는 것만큼 아름다운 것이 세상에 또 어디 있던가. 아니, '아니요' 해야 될 때도 '예' 해준다면 참으로 살맛이 날 것이다. 그러나 여기 자칫 착각하기 쉬운 함정이 있다는 걸 주목해야겠다. 지금껏 강자가 무조건 '예'를 순종이라고 강요해 온 것은 어디까지나 '편의주의적인 선'이요, 숱한 비극이 여기서 비롯되었다는 것을 명심해야 한다. 만약 누군가 '아니요' 해야 될 때 '예' 한다면 그것은 '예' 해야 될 때 '아니요' 하는 것과 똑같은 불순종인 것이다. 이것은 내 말이 아니라 예수님께서 친히 가르치신 말씀이다.

"오직 너희 말은 옳다 옳다. 아니라 아니라 하라. 이에서 지나는 것은 악으로 좇아 나느니라."–마 5:37

진리는 '예' 할 때와 '아니요' 할 때를, 곧 그 대상을 명확히 구분해 두었고 '예' 할 때 '예' 하고 '아니요' 해야 할 때 '아니요' 하는 것이 참순종이라고 가르치고 있다. 바꾸어 말하면 '예'와 '아니요'는 엄연히 그 받을 대상이 다르다는 말이다. 더 쉽게 말하면, 하나님이 '하라' 하셔도 '하지 말라' 하셔도 무조건 '예' '예' 할 것이

며 마귀가 '하라' '하지 말라' 하면 무조건 '아니요' '아니요' 해야
한다. 왜냐하면, 하나님이 하라 하신 것이 악일 리 없고 하지 말라
하신 것이 선일 리 없으며, 마귀가 하라 한 것이 선일 리 없고 하지
말라 한 것은 어김없이 선일 테니 말이다.

그런데 오늘날 사람들은 아무리 부당한 것이라도 적당히 눈
감고 넘어가 주는 것을 관용이라고 호도한다. 특히 크리스천이라
면 그것이 더욱 마땅한 미덕이라고 강변한다. 일흔 번씩 일곱 번이
라도 용서하라는 말씀을 완전히 혼동한 것이다.

자, 루터는 한 거지가 다른 거지에게 빵 얻어먹을 데를 가르
쳐 주는 것이 복음이라고 했다. 그럼 도둑에게 남의 돈 있는 데를
가르쳐 주는 것도 복음일 것인가. 오죽했으면 도둑질을 하랴. 사흘
굶어 담 안 넘을 사람 없다는데 다 그 입장이 안 돼 봐서 모른다
고? 어처구니없게도 세상엔 그런 가당찮은 동정론이 팽배해 있다.
차라리 그것이 진정 누군가를 동정하는 감상感傷이라도 됐으면 좋
겠다. 그러나 그것은 남을 배려하는 것과는 전혀 상관없는, 제 허
물을 덮으려는 교활한 술수일 따름이다.

또 기독교의 본질인 사랑을 한번 들여다보자. 고린도전서
13장의 사랑은 불신자들도 모르는 사람이 거의 없다. 저들도 똑같
은 사랑을 원하고 또 하고 있다. 저들이라고 어디 자랑하고 교만하
고 무례하고 자기의 유익만 구하고 오래 참지 못하는 사랑을 좋아
한다던가. 저들도 온유하고 겸손하고 성 내지 않으며 모든 것 감싸

주는 영원한 사랑을 동경한다. 그렇다면 세상적인 사랑과 기독교의 사랑의 차이는 무엇인가. '불의를 기뻐하지 아니하며 진리와 함께 기뻐하는 사랑'이 기독교의 사랑의 특성임에도 교회는 이에 너무 무심한 것 같다. 오늘 교회는 사랑보다 '사랑 타령'에 스스로 취해 있는 느낌이다.

되풀이하건대 순종은 곧 정직이다. 정직하지 않은 자의 순종은 이미 순종이 아니다. 불의한 인간 때문에 매일 분노하시는 하나님 —시 7:11께 '불의를 기뻐하지 아니하며 진리와 함께 기뻐하는 사랑'을 외면한 순종이 무슨 의미가 있단 말인가.

이상, 오늘 교회에 보다 철저한 가르침을 주문하는 이유다.

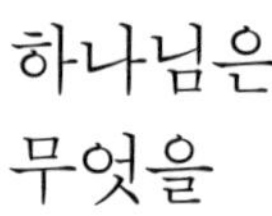

하나님은
무엇을
기다리고
계시나

인생으로 고생하며 근심케 하심이 결코 하나님의 본심이 아니시라고 성경에 말씀하셨다. ―렘애 3:33 그야 사랑의 하나님이신데 당근이지―라고 모두들 공감한다.

그러면 오늘 인간들로 하여금 고생과 근심 속에 살도록 용인하신 하나님의 참뜻은 과연 무엇일까? 알 것 같으면서도 그 답은 사람마다 무늬가 조금씩 다르다.

같은 제목의 시가 나의 졸작 2집에 있는데 꽃보다, 그 무엇보다 불행을 승화시킨 인간만큼 아름다운 것은 세상에 다시 없다는 요지다. 오늘은 그것을 좀 자세하게 풀어볼까 한다.

나는 언젠가 레슬링 시합을 보면서 묘한 기분을 느꼈다. 내가 응원하는 선수가 천정을 향해 나자빠져 있고 상대 선수가 그를 옴짝달싹 못하게 짓누르고 있다. 심판이 분주히 이쪽저쪽으로 왔다

갔다 하며 고개를 디밀고 유심히 관찰한다. 땅- 땅- 아웃 신호가 마지막 땅- 할 즈음 거의 동시에 죽은 듯이 있던 밑에 깔린 선수가 한번 용을 쓰니 엎어져 누르고 있던 위에 있는 선수가 휙 나둥그러진다. 아, 살았구나! 그리고 결국 그 시합은 밑에 깔렸던 내가 응원하는 선수가 이겼다. 흔히들 레슬링은 쇼니 뭐니 하기도 하지만 엉뚱하게도 나는 그때 하나님의 마음을 본 것 같았다. 그 둘이 뒤엉켜 있는 양상을 애타게 관찰하던 심판이 바로 하나님이셨고 죄짐에, 세상 짐에 짓눌려 깔린 우리에게 조금 더, 조금만 더 힘내라고 격려하시는 것으로 여겨진 것이다. 나는 나도 모르게 두 주먹을 불끈 쥐었다.

그러자 다음 순간, 우리가 끝내 이기고 살아남기를 기다리신 하나님이 우리에게 기대하신 것이 그게 다였을까? 하는 회의가 생겼다. 나는 왠지 그게 전부는 아니실 거라는 아쉬움이 남았다. 그럼 그 남은 것은 무엇이란 말인가? 그것은 그저 살아 남는 결과론적인 이야기가 아니요 하나님께서 요구하시는 본질은 살아남는 과정에서의, 또 그 이후의 '변화의 아름다움'이어야 하지 않을까? 그냥 살아남기만 하는 거라면 백수든 천수든 무의미한 노릇일 테니 말이다.

사람은 흔들리는 나뭇잎 하나에도, 곱게 핀 작은 들꽃 하나에도, 망망대해를 바라보면서도, 떠가는 솜구름 한 조각에도 감동하고 의미를 찾게 된다. 오늘의 이야기를 푸는 데 도움이 될 듯싶어 또 불가불 잠자는 내 영혼을 흔들었던 영화 이야기를 하나 해야할까보다.

한창 시끌했었으니 대부분 〈서편제〉란 영화의 스토리를 알고 있을 것이다. 세상 줄 서는 데 능하지 못한 명창이 활동 무대에서 밀리자 아예 달랑 단봇짐 하나를 등에 메고 나그네 길에 올랐다. 아들 하나, 딸 하나, 양養 자녀를 데리고 동가식 서가숙 했으나 그나마 아들은 세상으로 뛰쳐나갔고 딸과 둘이서 노래를 불러주며 연명했다. 명창은 유난히 자기 달란트에 집념이 강했다. 그는 어떻게든 딸에게 제 재능을 전수시키는 것이 소원이었다. 온 생의 목표를 거기에 두고 보람을 삼았다. 딸도 재능이 천부적이었다. 어찌나 소리가 고운지 듣는 사람마다 감탄했다. 세월이 가고 소녀도 점점 자라갔다. 그러나 아버지는 안타까웠다.

"너는 왜 소리가 그리 곱기만 하냐!"

소리가 고운 것이 왜 못마땅할까? 얼핏 이해할 수 없겠지만 아버지는 지금 무엇보다 그것이 문제가 되고 있는 것이다. 그래도 딸의 소리는 여전히 곱기만 했다. 작심한 아버지는 어느 날 일부러 약을 써서 딸의 눈을 멀게 한 것이다.

"저런, 천인공노할 나쁜 놈!……"

"아무리 제 딸이 아니라고 저런 벼락 맞을 순 앵벌이……"

사람들은 그의 비정함에 소름이 끼쳤겠지만 나는 이상하게 다함이 없는 그의 집념이 경하스러웠다.

"네 신세를 한번 생각해 봐라. 네가 시방 그렇게 고운 소리만 내고 있어야 쓰겄냐?……"

소녀는, 아니 처녀는 점점 성숙해 갔고 드디어 그의 소리엔 아버지가 그렇게도 바라던 한恨이 묻어 나오기 시작한 것이다. 아버지의 기대는 부풀었다. 그런데…… 아버지는 또 딸을 닦달한다. 이번엔 "왜 그렇게 한을 쏟아내느냐"고. 그렇게 한을 쏟아내선 안 된다는 것이다.

'저런 처 죽일 놈, 이래도 탈 저래도 탈, 어쩌라고……'

대관절 아버지가 원하는 소리는 어떤 소리란 말인가. 영문을 모르는 딸을 붙들고 아버지는 애원한다. 그리 무작정 한을 쏟아내지 말고 한을 승화시킨 소리를 내라고.

'앗! 아아……'

나는 말을 잃고 깊은 신음을 했다. 승화! 승화…… 나는 그때 분명한 하나님의 음성을 들었다. 이것이 바로 하나님께서 우리에게 고난을 허락하신 목적이었던 것이다. 우리로 하여금 끝내 거룩하고 온전해지도록!

세상적으론 감옥에 가야 마땅했지만 그 떠돌이 소리꾼은 그 후 나의 뇌리에 두고두고 살아 있는 한 감동적인 인간상으로 지금도 가끔 내게 뭔가를 말해주고 있다.

부자가 되어
부자로 살지
말라

믿는 사람의 가게나 영업장에 가 보면 어김없이 "네 시작은 미약하였으나 네 나중은 심히 창대하리라"라는 성구가 걸려(또는 붙어) 있다. 요즘은 "내가 반드시 너를 복 주고 복 주며 너를 번성케 하고 번성케 하리라"라는 성구가 많이 눈에 띄는 것 같다.

세상에 복 받기를 원하지 않는 사람이 누구랴만 인제나 그 중심은 물질이요 또 당연히 명예와 권력도 같은 보따리 안에 들어있다. 누군들 어찌 그 자체를 탓할 수 있을까만, 오늘 신자와 불신자 간의 물질관이나 복의 개념이 별반 차이가 없다는 것을 지금 말하고 있다.

오래 전에 문서선교를 하시는 목사님과 미자립교회를 위한 성구서예 바자를 연 적이 있었다. 그분의 서예는 알아주는 명성이었지만 내가 도무지 이해가 안 된 것은 좀 작품이다 싶은 건 누구도 선뜻 사주는 사람이 없었다는 것이다. 이삼십 돈이 없어서? 천만에! 당장이라도 어디서 몇백짜리 명품을 50프로에 세일한다면 우르르 사람 밟고라도 모두 뛰어갈걸. (웃음)

물론 다는 아니지만 그래도 교회 장로요 권사쯤이면 꽤 부자가 많은데 억대 도자기에 미술품에 마치 전시장처럼 진열해 놓고 자랑하면서도 제대로 된 성구 하나 장식해둔 집이 없더라며 몹시 쓸쓸해하시던 목사님의 모습이 눈에 선하다. 내 보기에도 그랬다. 차라리 이도 저도 말 것이지 어디서 그런 싸구려 성구를 잘도 골라 믿음까지 곁들여 과시하다니 글쎄, 도무지 격에 맞아야지. 하긴 말씀이야 어디까지나 내용이지 겉치레가 뭐 그리 대수냐(지당하신 말씀!)는 알짜 믿음 앞에 공연히 나 혼자서 민망해하고 있다면 아마도 그런 고가의 골동품을 소장하고 있지 못한 나의 삐딱한 심보 탓일라.

어느 날 초등학교 3학년짜리 손자놈이 학교에서 가훈을 알아오랬다며 엄마에게 묻는가 보았다. 며느리가 할머니한테 물어보랜다. 실은 우리 집은 일곱 가지 기도문을 가훈으로 대신하고 있는데 나는 요약해서 '주 안에서 열심히'라고 아이에게 일러 주었다. 즉흥적으로 한 말이지만 썩 괜찮은 가훈이다 싶다. 사람은 우선 열심히 사는 것이 기본이니까. 아무거나 덮어놓고가 아니라 확실히 '주 안에서'가 전제라면 나는 무엇이라도 무방하다는 생각이다.

지금껏 내가 귓등으로 들어온 가훈 중에 가장 인상적이었던

것은 경주 최부잣댁 가훈이라던가. 몇 가지 가운데

"새댁을 들이면 처음 3년은 무조건 무명옷을 입혀라.

벼슬은 진사 이상 하지 마라.

재산은 만 석 이상 모으지 마라.

내 집 반경 100리 안에 굶어 죽는 자가 없게 하라……."

야! 나는 그렇게 멋있는 가훈은 난생 처음 들어본 것 같다. 어느 항목이라고 감동적이지 않은 것이 없었지만 그 중에서도 아찔한 현기증을 느낄 만큼 유난히 내 가슴을 친 것은 "흉년엔 남의 전답을 매입하지 마라"였다. 행여 남의 약점을 이용해 억울하게 헐값으로 남의 전답을 매입하는 것은 곧 착취요 수탈이라 간주한 것이다. 자녀에게 그런 비슷한 교훈이야 많이들 하지만 그것을 가훈으로 실천하는 집이 있다니. 화무십일홍이라는데 그래서 그 집은 오래오래 대대로 부자였다는 후문은 더욱 우리에게 진리를 교훈하고 있다. 그런 정신으로 사는데 부자로 못 살 턱이 있나. 역시나 그런 훌륭한 조상을 둔 자손답게 그 가문의 재산을 요 근래 어느 공익재단에 기부했다고 들었다, 진정 살맛나는 세상이라 아니할 수 없다.

그런데 남의 가훈을 빌려 꼭 내 것으로 삼고 싶은 것이 있다.

"부자가 되어 부자로 살지 말라."

정확히 누가 한 말인지는 기억이 나지 않는다. 사람들은 누구나 자기 자녀손에게 물질관을 바로 심어 주고자 애를 쓴다. 돈의 노예가 되지 말고 돈의 주인이 되라거나 돈을 보람 있게 써야 한다는 둥 몹시 진지하게 교훈하지 않는 부모가 거의 없다. 그러나 앞의 "부자 되어 부자로 살지 말라"는 전혀 차원이 다른 이야기다. 자첫 혹 부자가 되더라도 너무 떵떵거리고 유세 부리지 말라는 것으로 오해할 수도 있겠으나 그게 아니다. 우리 집 가훈일 때의 그 뜻은 대강 이렇다.

첫째, 무엇보다 먼저 '반드시' '절대적으로 꼭' 부자가 되어야 한다. 성경은 빈궁한 자에게 구제할 것이 있기 위하여 제 손으로 수고를 해야 한다고 ─ 엡 4:28 강권하고 있다. 그러니 무조건 열심히 해서 부자가 되지 않으면 안 된다. 누구나 열심히 하면 부자가 되게 되어 있다는 것이 나의 지론이다. 물론 여기서 말하는 부자는 꼭 부호나 재벌을 말하는 게 아니다. 남에게 꾸러 가지 않을 정도면 다 부자인 것이다. 물론 그 꾸러 가지 않을 정도의 기준은 사람마다 다를 수 있지만 내가 내 손자에게 일러준 '주 안에서'란 전제가 그 기준을 정해줄 것이다.

둘째, 주 안의 사람이라면 그것을 저 혼자만 누리고 살아선 안 된다는 걸 이미 알고 있다. 만약 제법 큰 부자가 됐을 땐 그대로 부자인 채로 살아선 더더욱 안 된다. 많이 맡긴 자에게 많이 찾으시는 하나님 ─ 눅 12:48을 모를 리가 없을 테니까 말이다. 사람이 부자가 되기는 쉬워도 부자로 살지 않기는 어렵다. 요즘 보면 부자도 아니면서 부자로 사는 사람이 의외로 많은 것 같다. 그러니 부자이면서 부자 아닌 사람으로 산다는 게 그리 쉬운 노릇이 아니다. 만약 그게 그리 쉬운 노릇이라면 구태여 가훈으로 정하면서까지 가르칠 이유가 없을 것이다.

셋째, 더욱 중요한 것은 무엇하느라 굳이 부자 아니게 살아야 하는가이다. 주 안의 사람이라면 그걸 따로 가르칠 필요는 없을 것이다. 허랑방탕하여 가난해졌기 때문이 아닐진대 부자이면서 부자 아니게 사는 것은 그 돈이 결코 내 돈이 아니란 생각으로 살아야 하기 때문이다. 그러니까 요컨대 한 가지 분명한 것은, 내가 가진 돈은 내가 벌기도 전부터 어디에 어떻게 써야 될 것인지 그 돈을 내게 맡기신 그분께서 이미 정해 놓아 버리셨다는 사실이다. 그래서 D. 카네기는 사람이 부자인 채로 죽는 것은 부끄러운 일이라고 했다.

어느 날 TV에서 잠깐 스치고 지나간 게 인상적이어서 인터넷을 뒤져보았다. 나도 같은 남도 출신이지만 그쪽은 가본 적이 없어 생소한데 전남 구례군에 조선 영조 때 유이주란 사람이 낙안 군수 때 지었다는 운조루雲鳥樓란 유명한 한옥이 있다. 민속문화재로 등재되어 있을 만큼 건축양식이며 풍수지리학적으로도 특이한 관광 명소인 모양이다.

나는 꼭 한번 찾아가 보리라 메모를 해 두었다. 집이 여러 채 (99칸?)인데 지금은 일부만 남아 있다지만 내가 꼭 가보리라 마음

먹은 덴 비단 무슨 구경거리여서가 아니다. 그 집에 특별히 비치한 큰 항아리 쌀독엔 '**他人能解**'라고 쓰여 있다고 했다. 곧 아무나 퍼 가도 좋다는 뜻이다. 아! 나는 그 주위의 빼어난 경관이나 별난 건축양식보다 더 아름다운 그 집 주인의 마음과 꼭 만나보고 싶다는 생각이 울컥 솟구친 것이다.

본래 돈이란 사랑하라고 내리신 하나님의 선물이다. 그래서 돈은 어떤 형태로든 사랑의 의도 외엔 쓰일 수도, 쓰여져서도 안 된다. 만약 돈이 어딘가 사랑이 허락하지 않은 곳에 쓰여졌다면 그것은 그대로 독이요 재앙이 되고 말 것은 불을 보듯 뻔한 일이다.

정녕 오늘 이렇듯 우리 사회의 화려한 피폐상(?)은 마땅히 부자가 되어야 할 사람이 부자가 되지 않고 결코 부자가 되어선 안 될 사람들이 많이 부자가 되어 있는 탓이 아닐는지! 100리는 아니라도 내집 반경 10리, 아니 1km 안이라도 굶어 죽는 자를 내가 없게 할 수만 있다면 작히나 좋으랴!!

저녁이
되고
　　아침이
　　되니

　　30년을 신우회(기타)를 인도해 오면서 전한 말씀 노트가 그대로 있는데 틈나면 그것을 뒤적이는 것이 취미의 하나가 되어 버렸다. 꼭 남의 글을 읽듯이 재미나게 읽는다.
　　누구나 그렇듯이 해마다 연말과 연초의 테마는 공통점이 있다. 연말엔 어김없이 어리석게 허송한, 또는 실수하거나 잘못한, 미진하고 아쉬운 후회와 회개요 연초엔 주의 무한하신 사랑의 은총에 의지하는 포부와 다짐이다.
　　어느 해의 연말과 또 어느 해의 연초의 것을 요약해서 한 대목씩 옮겨 본다.

　　I

올해도 은혜 가운데 무사히 한 해를 잘 보냈다. 그러나 이 시점이면 대부분 보람보단 으레 회한이 압도한다. 불완전한 인간이란 수식으로 변명이 될 것도 아니지만 어째서 인간은 그렇듯 꼭 지혜보단 우준함이 앞서는지 돌아보면 스스로에게 실망하고 화가 난다.

'안 그랬어야 했는데… 좀 더 잘할 수 있었는데…'

그렇다고 우리에게 만회할 내일이 그리 창창한 것도 아니다. 인생의 황혼에 무작정 한탄하고만 있을 수도 없는 터, 오늘은 한 위인의 생의 위대한 마무리에서 귀감을 삼기로 한다.

초등학교라도 다닌 사람이라면 톨스토이를 모르는 사람은 아마 없을 것이다. 그러나 러시아의 세계적인 대문호라는 한 마디론 그에 대한 설명이 너무 부족하다. 그는 민중을 계몽, 계도하고 권익을 수호하는 일로 일생을 바친 사람이다. 〈국가는 폭력이다〉로 위정자를 긴장시켰고 교회 정화를 주창하다가 종단으로부터 파문을 당한, 사회정의 구현을 열망하는 사상가요 사회운동가였다. 〈부활〉, 〈사람은 무엇으로 사는가〉, 〈사랑이 있는 곳에는 하나님도 있다〉라는 제목만으로도 그가 얼마나 깨어 있는 독신자篤信者인지를 한눈에 알 수 있다.

나는 그가 일생동안 이루어 놓은 수많은 업적도 존경하지만 무엇보다 세상을 마감하는 자기정리의 모습에서 더욱 배전의 존경을 아끼지 않는다.

그는 가정적으로 그다지 행복하지 못한 사람이었다. 그의 아내는 세기적인 악처라는 소크라테스의 아내를 저리 가라 할 만큼 소문난 속물이었다. 걸핏하면 집 앞 저수지에 빠져 죽는다고 소동이었고, 남편의 인세印稅를 제가 관리할 만큼 제멋대로 부를 누리면서도 늘 약자 편인 남편이 행여 어디에 기부라도 할까봐 전전긍긍했다. 항상 남편을 의심하고 감시하며 들들 볶아치는 정신분열증 환자였다고 한다. 그녀의 DNA를 물려받은 망나니 아들 또한 〈톨스토이 비판론〉을 내면서 아비를 괴롭혔다.

그는 19세부터 시작해서 82세로 죽기 직전까지 일기를 썼는데, 죽기 전 3개월간의 일기를 묶어 〈비밀일기〉라는 책이 나왔다. 거기엔 그가 걸머진 십자가의 고뇌가 얼마나 처절한지 이루 형언할 수 없을 지경이다. 그래도 그의 DNA를 물려받은 막내딸만은 아버지를 이해하고 사랑했으며 아비의 유일한 기쁨이었다. 그녀가 나중에 〈아버지 톨스토이〉를 써서 오빠의 〈톨스토이 비판론〉을 정리해준 셈이니 그놈의 집안도 어지간히 웃기는 집안이다.

자, 지금부터 내가 얘기하고자 하는 본론이다.

그는 어느 날 문득 젊은 날에 농민운동을 했던 때를 떠올렸다. 갑자기 가슴이 철렁했다. 그는 누구보다 농민을 사랑했었다.

'아! 사랑하는 농민들을 위해 좀더 일을 했어야 했는데…… 할 수 있었는데……'

그는 간여하고 관심해야 할 일들이 많아 그 일에서 손을 놓았던 것이 못내 후회스러웠다.

'아! 나는 그동안 너무 안이하게 귀족으로 살았구나……'

그는 가슴이 꽉 메어 견딜 수 없었다.

'나는 이대로 편히 누워 죽을 자격도 없는 인간이다!'

그는 자리에서 벌떡 일어섰다. 행구를 챙겼다. 그는 평소 자기 정리의 여행을 계획하고 있었는데 드디어 결행한 것이다. 사랑하는 막내딸을 대동하고 집을 나섰다.

노구를 끌고 집을 나간 지 열흘 만에 폐렴에 걸려 어느 간이역 역장의 관사에서 그는 숨을 거뒀다. 그가 숨지기 전 마지막 떠듬거린 말은

"나는…… 진리를 사랑한다…… 몹시…… 사랑한다……"

그의 유언대로 그가 지금 사랑하는 농민들 곁에 묘비도 없이 초라하게 잠들어 있는 그 사실은 지금까지 나의 증언이 참이라 여실히 말해주고 있다. 그의 재산(인세)은 물론 모두 기증됐다.

(여기서 여담 한 마디, 톨스토이가 자기 죽음을 부인에겐 알리지 말라고 했다는데 그때 이미 연락을 받고 부인이 와 있었다니 이를 어째? 탈무드에 "세상에 악한 것 중 가장 악한 것은 악처"라고 했느니. 명심들 하시라구.)

이상, 위대한 톨스토이의 최후를 대강 훑어보았다. 구구절절 가슴을 치지 않는 것이 없지만 그 중에서도 오늘 내가 여러분에게 꼭 소개하고 싶은 것이 있어서 이해를 돕기 위해 긴 설명을 했다. 그것은 그의 비밀일기에 있는 〈마지막 기도〉다.

"아버지여! 생명의 원천이시여! 날 도와주소서. 내 인생의 마

지막 며칠, 아니 마지막 단 몇 시간만이라도 당신을 위해 봉사하며 오직 당신만 바라보고 살게 해 주십시오……"

하도 좋은 기도문들이 많아서 별로다 싶을는지 모르겠지만 나는 여지껏 이보다 더 멋진 기도문은 만나보지 못했다. 우리는 날마다 이 기도를 복창하며 또 그렇게 살고자 애써야 할 것이다. 나는 평범한 여러분에게 아깝게 흘려버린 지난날을 굳이 자학하면서까지 회개하라곤 요구하지 않겠다. 그러나 여기 별로 어렵지도 않으면서 가장 좋은 길을 안내한다. 아무쪼록 한 순간만이라도 뜨겁게 주를 사랑하다 그 품에 안길 수 있기를! 그리고 그러기 전까지 이제부터의 날들은 그분을 위해 봉사할 수 있기를! 반드시─꼭─

II

새해 복 많이 받으시고 특히 건강하시고 만사형통하십시오.

사람은 누구나 진심으로 상대가 복 많이 받기를 기원한다. 나는 늘 새해 인사를 받을 때마다 묘한 기분이 된다. 이다지도 사람들이 모두 후하고 좋은데 왜 세상은 그리도 각박한지 알다가도 모를 노릇이다. 그래. 만약 사람이 복을 빌 때마다 제 복을 나누어 가져간대도 그렇게 말할 수 있을까? 희떠운 생각을 하며 피식 웃는다. 그러니까 사람들은 그냥 하는 말이지만, 복을 내리시는 절대자는 온 인류에게 그 얼마든지 복을 충분히 내리실 수 있을 만큼 절대무한의 소유자란 걸 우리의 무의식은 그것을 알고 믿고 있다는 표징이라 결론을 내리면 한결 유쾌해진다. 그러면서 사람들은 왜 또 금세 불안해할까? 그것은 그 믿음에 확신이 없기 때문이다.

그래서 오늘, 사람들은 어찌나 영악한지 입이 딱 벌어진다. 교회 안 사람들은 좀 나은가 싶지만 한술 더 뜬다. 죽어도 밑지는 일은 하지 않는다. 공연히 바보가 될 게 뭐냐며 자기변호가 그럴싸하다. 또 어찌 그리도 모르는 것이 없는지 팔방미인이다. 모두들 고등교육을 받은 탓이거니 여기자니 어쩐지 아귀가 맞지 않는다. 왜냐하면 그렇듯 안단이 박사들이 조금만 양심적·진리적인 것이면 왜 그리 세상 사람들과 똑같이 아예 먹통 흉내를 내버리는지 말이다. 성경을 너무 많이 안다는 것이 때로 믿는 데 장애가 될 수도 있다니 역시 아는 것이 병이냐, 힘이냐를 다시 따져봐야 될 판이다.

믿음은 앎이 아니요 삶이라 했던가? 나는 누구에게나 복잡하게 말고 단순하게 믿으라고 늘 말한다. 성경에 하라 한 건 하고 말라 한 건 말면 된다. 그게 잘 안 되면 "죄송합니다"하고 다시 시도하면 된다. 열 번 백 번이라도 그 외 다른 길은 찾지 말라. 사람들은 그게 어렵다고 한다. 어렵게 생각해서 어렵지 쉽게 생각하면 하나도 어려울 것 없다.

새해 덕담을 하나 한다면, 올해는 우리 좀 쉽게 살자. 편하게 놀고 먹자는 게 아니라 쉽게 믿고 쉽게 살자는 말이다. 나는 바보 예찬론자다. 이미 출간된 나의 책마다 내가 얼마나 바보를 사랑하는가를 고백했다. 그런 의미에서 모두들 잘 알고 있는 이야기를 오늘 다시 리바이벌해야 할까보다.

어느 주일학교에서 크리스마스 성극을 준비했다. 성탄 이야기였다. 지도 선생님은 배역을 정하면서 머리는 좀 뒤지지만 착하디착한 C를 꼭 끼워주고 싶었다. 그에게 알맞은 역이 없을까 궁리하다가 옳지, 그를 여관집 보이로 설정했다. 그에게 긴 대사는 무리니까 손님이 오면 "빈 방 없습니다"는 단 한 마디 대사를 세 번만 하고 그냥 퇴장하도록 했다.

마리아와 요셉이 등장한다.

"방 하나 부탁합니다" 하자 C가 "빈 방 없습니다"고 가르친 대로 잘 했다. 마리아와 요셉이 사정한다. 이제 날도 다 저물었고 지쳤으니 꼭 좀 부탁한다고 하자 또 말했다. "빈 방 없습니다." 다시 마리아가 나서며 이렇게 만삭이 되어 갈 데도 없고 이 추위에 길에서 해산하게 됐는데 어쩌느냐고 간곡히 애원한다. 순간, 그들의 사정이 하도 딱해 착한 C는 잠시 연극과 현실 사이를 혼동한다. 울상이 되어

"그럼 제 방으로라도 가시죠……"

"어이구, 저런 저런 바보!"

"내 저럴 줄 알았어."

장내가 수런거렸다. 연극은 망쳤지만 (예수님은 말구유에서 태어나셔야 하니까) 나는 가슴이 찡하며 눈물이 엉긴다.

'아이구 예뻐라……'

올해는 그런 바보를 좀 많이 만나는 한 해였으면 좋겠다.

듣는 자는
살아나리라

지난날 넋두리나 늘어놔 봐야겠다.

어느 날 남편이 느닷없이

"나 암만해도 한 가지 궁금한 건 말야. 사람이 얼마나 죄를 졌으면, 그래, 권사 장로가 되도록 예수를 믿을까. 그냥 적당히들 믿지."

"그러게! 동감이야. 죄가 많긴 많지."

그랬더니 기다렸다는 듯

"제발 우리 일요일에 함께 골프도 가고 좀 재미있게 살자."

"또 또! 나 그거 하나도 재미없거든."

"힘들어 죽겠다며?"

"내가 힘든 건 당신 때문이지. 제발 날 끌어내려 하지 말고 당신이 한 발짝, 딱 한 발짝만 좀 들어오면 안 돼?"

“어이쿠쿠! 이거 혹 붙이네……”

아서라는 시늉으로 손사래를 친다.

앞의 “힘들어 죽겠다며?”는 역사가 있는 말이었다. 전에 출간된 책에서도 ‘우리 집은 늘 전쟁판인데 그게 좀 색다른 코미디 쇼’라는 걸 소개한 적이 있는데, 하루는 그이가 작심하고 시비를 걸었다. 내가 적당히 믿어줬으면 좋을걸 너무 깊이 들어가 있으니 (실은 그렇지도 못한데) 자기 하는 일에 어려움이 생긴다나. 그러니까 그가 이상한 강박증에 잡혀 있다는 걸 나는 알았다. 따지고 보면 맞는 말이다. 그는 자기가 내 수준에 맞추기는 싫지만 그것이 자기 양심의 소리란 걸 모르고 되려 나를 원망한 것이다. 심각한 문제였다.

나는 그날 부터 더 코믹하게 대응했다.

“허이구, 웬 무당 푸닥거리? 내가 너무 잘 믿어서 자기가 어렵다니 코가 막힐 노릇이네그려. 나도 하고 싶은 이혼도 못 하고 이 꼬라지로 살라니 힘들어 죽겠다야. 누군 뭐 예수 믿고 덕 본 줄 알아아—?”

하며 악을 썼더니 갑자기 그가 데굴데굴 굴렀다. 어쩜 그리도 기분 좋아하는지 그 또한 의외였다.

그 뒤로 그는 그 점에서 한결 자유한 듯한 느낌이었다.

이렇듯 늘 어그럭버그럭한 우리 집의 문젯점이 무엇인지 이제 대충 짐작될 것이다. 그러나 감사하게도 하나님은 계속 일하고 계셨다.

어느 날 남편은 새벽기도에서 돌아온 나를 누은 채로 올려다 보며 "당신은 다른 건 게으른데 거 새벽기도 하나만은 참 대단해 응?"

"글쎄, 게으른 사람이 다니는 것이 새벽기도인 모양이지."

그런데 그는 왠지 그날따라 엇박자로 나가지 않고 순순했다.

"어이! 그렇게 시간, 정력, 물질… 있는 대로 쏟아붓고 만약 천당이 없으면 억울해서 어째?"

옳지! 나는 갑자기 생기가 팔랑했다.

"아니! 억울할 것 하나도 없어. 어쨌든 난 그동안 있다고 믿고 기쁘고 즐겁게 살아왔으니 없어도 상관없지만, 없다고 믿고 제멋대로 살다가 만약 있으면 그땐 당신 어쩔 건데?"

"응? ……으응— 그럼 안 되지. 큰일이지."

"그거 봐! 큰일이지?"

"앗차, 오늘이 일요일이지."

"주일이지."

"그래, 주일……."

남편은 아직 이른 시간인데도 주섬주섬 자리를 챙기며 일어났다.

그는 예배 시간이면 으레 아예 눈 감고 잘 준비부터 한다. 어떻게나 신경이 쓰이는지 나는 다음엔 절대 안 데리고 와야지 하고 다짐한다. 그래도 번번이 또 어르고 달래서 함께 나온다. 그의 18번 지정곡. "허— 거 예배 시간에 자는 잠은 어쩌면 그렇게도 꿀맛인지…… 확실히 교회는 은혜스런 곳이야." 그런데 그는 이상하게도 그날은 졸지 않았다. 그리고 목사님 설교가 끝나자 어느 대목은 좋았는데 어느 대목은 좀 미진했다는 둥 제법 예리한 평까지 곁들였다.

나도 다른 때 같으면

'허이구, 무식이 삼식이씨가 뭘 안다고……'

했을 텐데 그런 그가 그냥 신통방통하기만 했다.

'어머! 저 귀가 이제야 좀 뚫렸나?'

죽은 자도 살리는 말씀인데 어찌 산 자를 못 깨우랴! 나는 갑자기 천지가 환안해지며 부자가 된 기분이었다. 하루 종일 아이처럼 좋아라 했다. 잘은 모르겠지만 아마도 아침에, 천당이 없다고 믿고 있다가 만약 있으면 그땐 어쩔 거냐는 내 말이 성령의 두려운 음성으로 그의 영혼을 친 것이 틀림없다고 믿어졌다. 그러니까 무엇이 그리도 못마땅한지 교회 문제라면(특히 내 앞에선) 잘근잘근 씹는 게 취미인 남편이 확실히 그날부터 자못 진지해진 것 같았다.

나는 궁금했다. 확인이 필요했다. 그로부터 두어 주쯤 후였나. 그날도 그는 예배 시간에 졸지 않고 두리번거렸다. 나는 그에게 요한복음 5장 25절을 손으로 짚으며 간단하게 한 마디로 포인트를 집어내 보라고 했다.

그는 책을 내게로 밀어내며 무뚝뚝하게 말했다.

"듣는 자는 살아나리라!"

'와아— 이뻐라……'

그것은 그대로 감격이었다. 뭐 그게 그다지 어려운 문제도 아니었지만 내겐 신비 그 자체였다. 나는 이미 그 말씀에 은혜를 받고 있는 터였지만 그의 입을 통해 다시 들었을 때 나는 가슴에 폭탄을 맞은 것 같았다. 나는 아마 지금껏(평생을 통해) 그에게(누구에게도) 그때처럼 따뜻한 눈길을 준 적이 또 없었을 것이다.

"듣는 자는 살아나리라."

사람은 무엇을 보고 무엇을 듣느냐가 그 인생을 결정한다. 그 본 것을 따라 하고 듣는 것을 실천하는 것이다. 물론 여기에다 무엇을 생각(추구)하느냐가 결정적인 열매로 남겠지만 오늘은 그 문제의 본론은 접기로 한다.

인용하는 예화나 카메라의 앵글에 따라 피사체의 모습은 그때그때 조금씩 달라도 나는 같은 제목으로 여러 번 설교한 적이 있다. 그런데 매번 나는 꼭 이렇게 마무리했다. 그것은 그대로 간절한 나의 기도요 이 칠흑 같은 어둠 속 낭떠러지에서 떨고있는 어린 양들에겐 진정, 복음 중의 복음이었다.

듣는 자는

　　사리사욕에 눈 먼 자

　　말씀에 귀 먹은 자

　　공중권세 앞에 벙어리 된 자

　　도덕불감증

　　화인火印 맞은 양심

　　저 에스겔 골짜기의 마른 뼈들까지도

살아나리라.

나의
　　한
　　달란트

　　나는 중학교 3학년 겨울방학 때 어느 미국인 선교사로부터
학습을 받은 이래 오랜 신앙역정에서 유난히 또렷한 그림 하나가
있는데, 그것은 젊었을 때 매주 어김없이 우리 집을 심방해 주시던
권사님들이었다. 당시는 모두 어려운 시절이라 어디서 제대로 차
한 잔도 대접 받지 못하신 듯 점심시간이 훌쩍 지났건만 권사님들
은 점심도 거르시고 우리 집에 오시면 물부터 달래서 맹물을 꼭
꿀물 마시듯 하셨다. 나는 그분들께 다음엔 때 어기지 마시고 시
간 맞춰 우리 집부터 들르시라고 당부했다.

　　권사가 된 지도 어언 30년 세월이요 나는 늘 그분들을 가슴
에 품고 나도 그래야지― 다짐하곤 했지만 내가 과연 누구의 가슴
에 그런 그림을 남겼을지 자신이 없다. 아무런 필요도 이해상관도
없는 누가 내게 와서 위로하고 격려해 주며, 위하여 기도해 주겠는

가. 세상에 그렇듯 고맙고 귀한 분이 어디 있겠는가 말이다. 그래서 누구든 예배를 드려 달라는 요청엔 무조건이 됐는지 모르겠다.

그런데 나에겐 한심한 아킬레스건이 있다. 나는 여간해선 병원 심방이나 문상만은 사양한다. 그래도 요즘은 많이 나아진 셈이지만 젊었을 땐 병원 심방을 다녀오기만 하면 꼭 아파버리는 것이었다. 보기보다 내가 얼마나 심약한 사람인지 모두 놀란다.

하루는 노권사님이 농 반 진 반으로 나를 힐책하셨다.

"아아니, 권사가 병원 심방 안 하면 어딜 가누?"

"그러게요. 하지만 환자한테도 나 같은 사람 별로 도움 안 돼요. 사람이 얼굴만 봐도 힘이 솟는 그런 사람 심방이어야지 몰려만 가면 뭘 해요? 그 대신 나도 갈 데 있어요. 다 망해서 저 지하실 단칸방으로 밀려난 사람, 맨주먹 쥐고 애들하고 아등바등 사는 사람, 문제 속에 지쳐있는 사람, 다 나한테 맡겨요. 내가 팔랑하게, 주먹 불끈 쥐게 만들테니까."

기실 그런 사람들이야말로 속수무책일 수밖에 없거늘 시건방지기 짝이 없는 수작이지만 지금 와서 돌아보면 그래도 아주 터무니없는 흰소리는 아니었던 듯싶다. 하나님은 특히 내게 자기 자신과의 싸움에서 철철 피 흘리고 있는 사람을 잘 붙이셨고, 차라리 내겐 그쪽이 훨씬 쉬웠다. 내가 그렇게 살아왔으니.

나는 죽고 싶은 놈은 그냥 죽도록 놔두라는 사람이다. 그러나 지푸라기라도 붙잡아 보려고 안간힘 쓰는 실낱만 한 의지만 보이면 나는 그에게 살 수 있는 비법을 소개한다. 아주 간단하다. 그것은 하나님이 지금도 살아 계셔서 그와 함께하신다는 사실을 일깨워주는 것이다. 만약 상대가 그것을 수용하기만 하면 문제는 끝난다. 하! 코가 째졌으니 언챙이지. 바로 거기까지가 문제 아닌가. 맞다. 그러니 그게 어찌 내가 할 수 있는 일이겠는가. 바꾸어 말하면 나를 통해 일하시는 분이 따로 계시니 걱정 안 해도 된다는 말이다.

그러면, 나의 지정 레퍼토리는 대강 이렇다.

사람들은 인생이 짧다고들 입버릇처럼 말하지만 나의 지론은 인생은 결코, 절대로 짧지 않다는 것이다. 내가 소망하는 나의 모습을 내보이기에 인생은 얼마든지 충분하다. 단지 조금 힘들 뿐이지만 그건 좀 참으면 된다. 에머슨이 말했던가. 영웅이란 보통 사람보다 단 5분을 더 참고 기다릴 수 있는 사람일 뿐이라고. 만약 당신이 남보다 5분만 더 참고 기다릴 수 있다면 당신은 승리자가 될 것이다. 당신은 할 수 있다. 반드시 해낼 것이다. 내기해도 좋다고 뺑뺑거린다. 상대는 어이없다는 듯 피식거리다가도 내가 어찌나 열심히 떠드는지 문득 고마워 울컥한다. 됐다! 그러면 된 것이다. 허약한 나의 어느 구석에 그런 열정이 있었을까? 아니, 그에게 통한 것은 그대로 하나님의 사랑이었다.

그러니까 나의 주무기는 상대방의 자존심을 자극하는 일이다. 물론 아무에게나 이 방법이 통하는 건 아니지만 조금이라도 의식이 살아 있는 사람이라면 이 방법은 썩 효과적인 방법이다. 인간에게 가장 비극적 현상은 자존심마저 무너져 버린 상태다. 만약 누구에게 이것이 회복불능이라면 그는 차라리 죽는 게 낫다. 왜냐하면 자존심은 인간의 마지막 보루이기 때문이다. 물론 그 자존심은 흔히 세상에서 말하는 시샘이나 체면치레의 그런 자존심이 아니다. 곧 제 자신이 얼마나 존귀한 존재인가를 확인시켜주는 것이다. 창조주가 인간을 빚을 때 가장 신경 쓴 가치의 본질이다. 때로 세상 때에 찌든 것 같지만 끝까지 인간을 인간으로 지탱시켜주는 참 생명력인 것이다.

다음, 내가 주로 인용하는 성경 본문은 〈출애굽기〉에서 하나님께서 모세에게 하신 말씀이다.

하나님은 모세로 하여금 이스라엘 백성을 애굽으로부터 구출해 내도록 계획하셨다. 그런데 모세는 겁이 났다. 나이도 많고 입도 어눌하고 더더구나 그 강대국 애굽을 상대로 이스라엘의 그 많은 무리를 인도해 내라니 말도 안 돼. 오죽했으면 "보낼 만한 자를 보내소서" 했을꼬. 그런데 하나님은 모세에게 뭐라고 하셨던가.

"네 손에 있는 것이 무엇이냐."

"지팡이니이다."

"너는 그것으로 이적을 행할지니라."

한마디로, '됐다, 그것 가지고 가라'다.(하나님께서 함께 하시겠다는데 무슨 말이 그리 많은가.)

모세는 양을 치던 그 지팡이 하나로 결국 이스라엘을 출애굽시켰다. 혹자는 그 사건을 하나의 신화로, 또는 설화로 돌리려고 한다. 그러나 중요한 것은 하나님은 그때의 모세의 하나님만이 아니시요 지금도 살아 계셔서 당신의, 나의 하나님이 되고 계시다는 것이다. 오늘 아무리 척박한 이곳이지만 나에게 앞으로 나아가려는 의지가 있느냐 없느냐, 오로지 그것만이 문제일 따름이다.

성경사史상 모든 건 하나님께서 하셨지만 가령, 하나님은 미리 홍해를 갈라놓고 이스라엘로 그냥 건너가게 하진 않으셨다. 오직 하나님의 약속을 믿고 그 명령대로 순종했을 때, 곧 물속에 첨벙 뛰어들었을 때 기적이 일어났단 말이다.

이스라엘 자손을 명하여 앞으로 나가게 하고 지팡이를 들고 손을 바다 위로 내밀어 그것으로 갈라지게 하라. ─출 14:15-16

또 하나님은 적군을 다 죽여 없애 놓고 이스라엘로 가나안에 들어가 편히 살게 하지도 않으셨다. 미디안이든 아말렉이든 결코 적수가 될 수 없는 대군이지만 이스라엘로 싸우게 해놓고 이기게 하신 것은 무슨 뜻이겠느냐 말이다.

시련은 앞이 막힌 동굴이 아니요 끝이 보이는 터널이라 했다. 한 가지 분명한 것은, 하나님은 차라리 당신이 '그랬기 때문'에 반드시 더 좋도록 인도하실 거라는 것이다.

미국의 어느 입지전적인 부호가 젊었을 때 1센트짜리를 손에 꼬옥 쥐고 끊임없이 이렇게 자기암시를 했다고 한다.

“나는 한 푼도 없는 것이 아니다. 그 한 푼이 여기 있잖은
가…… 나는 결코 한 푼도 없는 거지가 아니다. 다만 이것을 땅에
묻지만 않으면 된다. 묻지만 않으면…… 묻지만 않으면……”

옳거니! 성경에, 제가 받은 달란트를 땅을 파고 꼭꼭 숨겨 뒀
다가 진노의 심판을 받은 악하고 게으른 종처럼은 하지 않겠다는
것이다. 바로 그것이다. 당신도 그것을 꼬옥 쥐고 지금 뛰어라! 남
볼 것 없다. 오직 앞으로 앞으로— 나아가라, 나아가라! 저 터널 끝
엔 밝은 당신의 세상이 있다. 그래, 5분이다. 딱 5분만 더 참고 뛰
어라!!

보여주는
　　　삶

　사람은 아무리 힘들어도 억압 받고 사는 것보다는 나아 보인다. 오죽했으면 자유가 아니면 죽음을 달라 했을꼬! 자유는 진정 목숨과 맞바꿀 만큼 충분한 값어치가 있었다. 인류 역사에 이 자유 때문에, 자유를 얻기 위해 희생된 귀한 생명이 그 얼마였던가. 그 모든 억압으로부터의 자유를 이름하여 리버티liberty라고 한다. 이 리버티를 갈구하는 노래 〈히브리 노예들의 합창〉은 언제 들어도 우리의 심금을 울린다.

　인간의 자유에의 추구는 실로 무한정하여 단순히 여기서 그치지 않았다. 그 누구도, 그 무엇도 억압하지 않는데도 인간은 여전히 자유를 갈망한다. 그럼 아직도 다 채워지지 않은 그 자유는 또 무엇인가. 그것을 일컬어 태생적인 자유, 곧 프리덤freedom이라 한다. 아마 이 문제에 대해 가장 본질적인 해답을 제시하는 종교는 오로지 기독교뿐일 것이다. 하나님이 애당초 인간을 그렇게 창조하여 우리 피조물로 하여금 그 자유를 구가하며 살도록 계획하셨기 때문이다. 천국도 지옥도 제가 선택한다. 바로 그 자유의지 때문이다.

세상 사람들은 크리스천은 공연히 스스로에 굴레를 씌워 부자유하기를 자초하는 사람들이라고 곡해하는데, 그것은 더 귀한 것을 얻기 위해 버리는 셈법을 몰라서 하는 얘기다. 독일의 학자 막스 베버는 만약 성경에서 고린도후서 3장 17절이 없었다면 자신은 아마 크리스천이 되지 않았을 거라고 고백했다. 동감이다.

"주는 영이시니 주의 영이 계신 곳에는 자유함이 있느니라."

누군가 아직 참자유를 누리지 못하고 있다면 그는 주의 참사랑 안에 온전히 거하고 있지 못하다는 반증일 것이다. 세상의 인류 도덕이나 신앙의 율법을 깡그리 무시하고 살라는 말이 아니다. 자유란 그런 것들과 상관없이 '제멋대로' 산다는 뜻이 아니란 말이다. 쉬운 예를 들자면, 사람은 육법전서의 단 한 조항도 몰라도 평생 파출소 한 번 불려가지 않고 얼마든지 잘 살고 있다. 온전한 참자유를 누리고 사는 사람이라면 세상의 그 어떤 계율에도 저촉되지 않고 잘 살 수 있다. 그런데 모든 법에 화통하고 요령껏 요리조리 잘 피할 줄 아는 사람은 오히려 걸핏하면 파출소나 담장 높은 큰 집에 자주 드나드는데 글쎄, 그게 알다가도 모를 노릇 아닌가.

사람이 자유를 누리고 산다는 것이 얼마나 편하고 좋으며 귀하고 고마운 것인지 모른다. 크게는 죄로부터의 자유, 안으론 온갖 욕심으로부터, 소유로부터, 모든 세속적인 부러움의 유혹으로부터 자유함을 누리고 사는 것이야말로 인간의 궁극적 홍복洪福이 아닐 수 없다. 크리스천은 바로 이 자유를 누리기 위해 그토록 치열하게 안팎으로 피투성이의 싸움을 하는 것이다.

그런데 세상엔 그야말로 귀찮고 성가신 일을 도맡아 하는, 고생을 사서 하는 '지도자'란 이름의 사람들이 있다. 온갖 굴레를 스스로 뒤집어썼지만 앞에서 말했듯이 그것은 전혀 부자유도 반자유도 아니다. 마치 자식을 사랑하는 부모가 모든 고초를 자임하지만 그것이 조금도 불편도 고통도 아니듯이 말이다.

지도자는 추종자 곧 후진들에게 뭔가를 보여주기 위해 산다. 왜냐하면 그들(후진)은 무조건 내 뒤통수만 보고 따라오기 때문이다. 내가 바로 보여주지 못하면 그들은 잘못, 그릇 행하여 자칫 죽는 길로 가게 되고 만다. 바꾸어 말하면 그러니까 남에게 뭔가 보여줄 것이 없는 사람은 지도자가 될 자격이 없다는 말이 된다. 하여, 보여주는 삶은 바로 사명인 것이다. 그렇다고 억지로 꾸며 위선이라도 보여줘야 한다는 말은 물론 아니다. 다만 지도자는 '결과'에 막중한 책임을 져야 하는 사람이란 말이다.

전에 교회 중직(항존직) 투표가 있을 때였다. 그것도 무슨 감투랍시고 끼리끼리 무리지어 선거운동을 하는 꼴이 가관이었다. 아무개는 우리 교회에 꼭 필요한 일꾼이니 이번에 반드시 돼야(장로)

한다고 중직들이 아주 걷어붙이고 나섰다. 하도 어이가 없어 나는 결국 쓴소리 한 마디를 하고 말았다.

"난 생각이 다른데요. 일은 말 그대로 '執事'가 하는 거예요. '長老'는 교인들의 신앙의 멘토가 돼야 한다구요. 교인들이 믿고 따를 수 있는 사람—그분을 볼 때마다 왠지 내 매무새가 돌아봐 지는 사람—어디서 보니 지도자란 후진들에게 나도 그렇게 닮고 싶은 갈증을 느끼게 하는 사람이라 정의했던데요. (크게) 아멘! 교회 지도자를 뽑는데 꼭 그리 터놓고 난리 법석을 피워야 하는지 난 도무지 이해가 안 되네요. 교인들이 어련히 알아서 할라구요. 교인이 몇천 몇만이 되는 것도 아니면서 고작해야 몇백 명 가지고 그래도 운동을 해야 할 정도라면 솔직히 아직 깜이 아닌 거 아녜요?"

지도자는 자신이 뭘 어떻게 해야 할지를 스스로 판단할 줄 아는 사람이다. 그런데 오늘 교회 지도자들은 자신이 해야 할 일이 무엇인지를 잘 모르는 것 같다. 장로는, 목회자의 목회를 돕는 것을 사명이라 여기던 건 구식이요 목사를 옥죄고 목사와 당당히 맞서주는 것을 마땅한 책무라 믿는가 하면, 목회자는 목회자대로 중직들과 합력하여 자신의 목회 계획을 실현해 나갈 복안은 뒷전이요 노회, 총회의 자리나 넘보고 돈 선거에 세습에……. 급기야 이젠 가족 같은 교회 안에까지 탁류가 밀려들었다. 어찌 그리도 쉽게 금세 잘도 보고 배우는지!

자, 이야기가 다시 제자리로 돌아왔다. 그렇다. 구태여 기준 아닌 것을 기준으로 흔들릴 것 없고, 그래서 지도자는 보여주는 삶을 살아야 할 사람이란 걸 더욱 강조하지 않을 수 없다. 무조건 내 뒤통수만 보고 따라오는 저들을 웅덩이에 빠뜨리지 않기 위해서도 안전하게 선도해야 하니까. 그리고 무엇보다 그것은 비단 후진들을 위해서만이 아니요 자신이 살기 위해서라도 그래야만 하는 것이다. 이 점, 성경에 분명하게 못 박았다.

"가령 내가 악인에게 말하기를 너는 꼭 죽으리라 할 때에 네가 깨우치지 아니하거나 말로 악인에게 일러서 그 악한 길을 떠나 생명을 구원케 하지 아니하면 그 악인은 그 죄악 중에서 죽으려니와 내가 그 피값을 네 손에서 찾을 것이고."-겔 3:18

"네가 네 자신과 가르침을 삼가 이 일을 계속하라. 이것을 행함으로 네 자신과 네게 듣는 자를 구원하리라."-딤전 4:16

지도자가 왜 헌신적이어야 하며 헌신적일 수밖에 없는지 자동적으로 설명이 된 줄 안다. 헌신은 보는 입장에선 봉사지만 하는 입장에선 결국 제가 살아남기 위해서도 피할 수 없는 제 몫의 십자가인 것이다. 어쨌거나 우리는 사도 바울처럼 감히 나를 따르라, 나를 본받으라고 소리치며 나서는 지도자가 나타나주길 날마다 고대하고 있다.

그러니까 결론적으로, 진리 안에 자유한 자가 사람들이 소망하는 바를 가장 잘, 많이 보여줄 수 있을 거라고 한다는 게 그만 말이 너무 어려워진 것 같다. 오늘, 보여줄 게 없으니 입으로 떠드는 사람이 많아졌는데 그건 아니다. 우리가 보고자 원하는 건 진리 안에 참 자유를 누리는 달관한 참 지도자의 모습인 것이다. 부디, 제발 예수님처럼 보여주라! 아낌없이 보여주라! 그것이 너와 너를 따르는 자를 함께 구원하는 길이라 하셨음에야.

옷이
날개

어느 날 친구가 느닷없이 점심을 사겠다며 친구들을 불렀다. 웬 떡이냐니까 글쎄, 웬 떡이란다. (웃음) 그날 제목은 착복식이었다. 그 내력의 구성은 대강 이랬다.

남편 친구들의 부부동반 모임 날이었다. 그날 친구는 아침부터 기분이 영 엉망이었다. 모임에 나가야 할지 말아야 할지 생각만 해도 몸이 근질거리고 찜찜했다. 선뜻 입고 나설 만한 옷이 마땅찮아서였던 것이다. 모두들 귀부인처럼 차리고 나오는데 공연히 겸장으로 망신할 일 있어? 에이, 관두자…….

그런데 그날따라 남편이 일찍 들어와 수선이었다. 오늘 나가는 거 까먹었느냐고…… 흥! 거 엄청 대단한 일이네…….

어쩐지 꼴새가 수상타 싶은 남편,

"이거 봐! 사람이 무슨 말을 하면……"

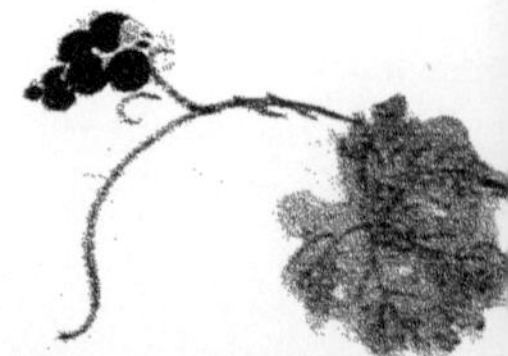

“뭘! 어쩌라고!”

“왜 준비를 안 해애!”

“벌써부터 뭘? 뭘 준비해야 하는데?”

앙칼스런 소리에 어렵쇼! 이거 잘못하다간 터지겠다 싶은 남편이 슬슬 눈치를 살핀다.

그러자 갑자기 그녀가 신경질적으로 소리를 버럭 질렀다.

“어휴— 원숫놈의 팔자, 십 년을 살아도 이십 년을 살아도……삼십 년을 살아도 그 타령이니…… 흥! 초지일관해서 조오타!”

“이거 또 왜 이래? 무슨 일 있어?”

“일은 무슨 일?”

“어이구, 깜짝이야. 이 여자가 뭘 잘못 먹었나?”

“풋! 팔자 좋은 소리 하시네. 뭐 잘못 먹을 거라도 있어? ……내 이럴 줄 알고 엊그제 친구들하고 백화점 갔었지. 딱 눈에 든 게 있었지만 너무 비싸서 차마 못 사고 왔다야. 왜 난 백날 천날 이렇게 누더기만 걸치고 살아야 하는데?”

“허이구 난 또…… 장 속에 저 많은 옷들 다 누구 건데 ? ……내 옷은 딱 두세 벌뿐 아냐?”

“이놈의 영감탱이가 벌어요 벌어.”

하며 벌떡 일어나 그녀는 장문을 활짝 열어젖혔다.

“자, 봐요! 여기서 쓸 만한 제대로 된 명품 하나라도 있나 골라봐 골라봐 골라봐! ……”

그녀는 숨도 안 쉬고 다그쳤다. 벌써 체온이 초과되어 있었다. 남편은 난감했다.

"거참, 남자는 1년 내내 같은 옷을 입어도 아무렇지도 않더구먼, ……제가 무슨 스타라고……"

멋쩍어서 한다는 소리가 그만 아차! 뇌관을 잘못 건드리고 말았다.

"이런… 떨어지는 벼락 쫓아가서 맞을 인간아…… 당신은 옷이 날개라는 말도 몰라? 무식하게시리 뭘 알아야 면장을 하지. 이거 봐요! 의, 식, 주…… '식'도 아니요 '주'도 아니요 오죽하면 '의'가 맨 앞일까……"

그러자 갑자기 남편이 박장대소했다.

"하하…… 그러게! 하하…… 당신이…… 당신이 그렇게 유식한 사람인 줄 내 미처 몰랐네. 의, 식, 주…… 하하……"

남편은 열에 떠 있는 아내가 그렇게도 안쓰럽고 귀여울 수가 없었다. 배를 움켜쥐고 눈물을 찔끔거리면서까지 웃어대던 남편이 한참 만에

"그래. 좋아, 좋았어. 가자. 빨리 일어서!"

"에?"

"당신이 맘에 들었다는 그 옷, 내 당장 사줄게. 아 가아! 가 사 입고 가자구……"

"참, 참말로?"

“이 사람이…… 맘 변하기 전에 빨리이!”

그렇게 해서 그 옷이 생겼단다. 한턱 쏠 만했다. 잘 먹어 주었다.

돌이켜 보면 내게도 그 비슷한 진한 아픈 기억이 있다. 결혼하고 어느덧 네 식구가 되어 있을 때였다. 친구들은 거의가 집에 도우미를 두고 편히들 살았지만 우리 집 가장은 어떻게 된 게 일구월심 자기 집(본가) 생각밖에 다른 데 신경 쓸 겨를이 없었다. 당시야 개천에서 용이 한 마리 나오면 대대로 의지하고 사는 게 당연한 시류였지만 제 살림은 너무 몰라라 하는 게 탈이었다. 도대체 그럴 거면서 어쩌자고 결혼을 했는지 알다가도 모를 일이었다.

그날도 형제들 중 하나가 문제가 생겼다. 차라리 가만있으면 중이나 가지. 그래도 염치에 나를 달랜답시고 남편이 하는 말.

“그래도 우리가 더 낫잖어.”

아니, 아니지. 나는 참다못해 그만 터져버렸다. 벼락 같은 소리로

“우리가 더 나은 게 뭔데?”

이건 해도 해도 너무했다. 뭐 그다지도 바람 잘 날이 없노.

“그래도 그들(형제)은 자기 가고 싶으면 가고 말고 싶으면 말고 제 맘대로 하고나 살지. 난 가고 싶은데, 아니 꼭 가야 할 데도 꿰고 나갈 옷이 없어 이렇게 두더지처럼 살고 있는데 뭐? 우리가 더 나아?”

사실이었다. 요즘은 값 싸고 좋은 옷도 많지만 당시엔 양장점에서 맞춰 입은 것 아니곤 꿰고 나갈 만한 옷이 그리 흔치 않았다. 그런데 그 양장점이란 데가 어디 아무나 손쉽게 드나들 곳이 되었나. 가뜩이나 애들하고 집안 꾸려 가기도 벅찬데 옷이 다 뭔가. 그러자니 자연히 나가는 것을 기피하게 되고, 그러다 보니 아예 숨어 사는 꼴이 되었다. 새삼스레 설움이 북받쳤다.

"사람이 왜 사람인데? 밥만 먹고 살면 사는 건가? 아니, 그 알량한 밥이라도 시방 누가 먹여주고 있다면 내 말도 안 한다……"

남편은 슬그머니 사라져버리고 혼자서 실컷 떠들고 있었다.

너무 폭폭해서 정말 돌아버릴 것 같은 적도 많았지만 돌아보면 그래도 그렇듯 아웅다웅하며 살던 때가 좋은 시절이었다는 그리움이 뭉클한다. 본래 여자란 특히 남편과 다툴 땐 으레 과장법을 원용하기 마련이렷다. (웃음)

대부분의 여성이 그렇듯이 나는 꽤 옷에 신경 쓰는 편이다. 자주 만나는 사람이 아닌 사람을 만날 땐 전에 내가 그를 만났을 때 무슨 옷을 입었던가를 꼭 떠올려 본다. 그리고 가급적이면 같은 옷을 입고 나가지 않는다. 그렇다고 내가 외모지상주의자란 말은 아니다. 그저 어쩐지 그것이 상대에 대한 예의일 것 같다는 생각이다.

내가 공부할 때 기억으로 공무원의 의무 중에 '품위 유지의 의무'란 게 있었다. 품위 유지의 의무란 비단 공무원에게만 해당

하는 것이 아닐 것이다. 품위 유지! 역시 인간은 그냥 먹고만 사는 '동물'이 아니란 반증이다.

물론 그 품위란 옷매무새만을 말하는 게 아니라는 것쯤이야 알 만하지만 사람에게, 특히 여성에게 옷매무새는 품위와 불가분의 관계가 있다. 옷이 날개란 말이 거저 나왔겠는가. 세상에 사람 말고 옷을 입는 동물이 또 있던가. '식'은 널려 있는 과일을 먹고 '주'는 동굴이나 어디든 의지하면 됐지만 '의'만은 사람이 손수 만들어 입어야 하다니, 농담이 아니라 애당초 의·식·주의 순서를 누가 만들어 낸 말인지 놀라운 일이 아닐 수 없다. 역시 말은 진리니까.

자, 그러면 우리 한번 진지하게 생각해 보자.

옷은 맨 처음 아담(하와)이 범죄한 후 무화과 나뭇잎을 엮어 치마를 만들어 걸쳤으며, 다시 하나님이 친히 그들에게 가죽옷을 지어 입히셨다. 이 사건은 우리 인간에게 엄청난 의미와 상징성을 말해주고 있다. '벌거벗은 수치'란 말 그 자체가 곧 해답이 되겠지만 인간이 죄를 몰랐을 땐 옷을 입을 필요가 없었다. 그러나 아담(하와)이 범죄한 후엔 스스로 부끄러워 죄를 가릴 옷이 필요했다. 여기서 중요한 것은, 인간이 실낙원 했을 때, 곧 에덴에서 쫓겨날 때 하나님께서 그들에게 가죽옷을 지어 입히시면서 다시 복낙원 할 땐 반드시 그 옷을 입고 서도록 섭리하셨단 사실이다. 그 옷은 바로 하나님 어린양의 희생의 가죽옷이었기 때문이다. 예수로 덧

입은 새사람의 의義의 옷, 이 옷이 아니고선 우리는 그 무엇으로도 우리의 죄를 덮고 가릴 수 없는 것이다. 우리는 혹시 예수님의 예화 중 어떤 혼인 잔치에 예복을 입지 않은 자의 축출 사건을 대충 자리에 합당하지 못한 무례한 자에 대한 역정쯤으로 건성으로 넘기고 있지는 않은지. 그러나 나는 이 사건에서 새삼스레 전치前置한 두렵고 무서운 말씀을 필히 기억해 둘 것을 당부하겠다.

"천국은 마치 자기 아들을 위하여 혼인 잔치를 베푼 어떤 임금과 같으니"-마 22:2

그것은 그냥 무례 정도의 사건이 아니었다.

그리고 이쯤에서 한 가지 착각할 수 있는 문제가 있으니, 하나님께서 아담(하와)에게 가죽옷을 지어 입히실 때 그동안은 무엇을 걸치고 살든 나중에 다시 하나님 앞에 돌아올 때만은 반드시 이 옷을 입고 와야 한다는 것이었느냐이다. 아니다. 오래오래 해어지지도 찢어지지도 않을 가죽옷의 의미는 또 있다. 우리가 언젠가 그날에 하나님 앞에 설 때만이 아니라 무소부재 하나님이시니 이 땅에서도 언제 어디서나 이 옷을 입지 않으면 안 된다는 것이다. 그런데 안타깝게도 사람들은 덥다, 무겁다, 불편하다……는 등으로 여전히 제멋대로 형형색색의 무화괏잎 옷을 즐기며 살고 있으니 두려울 따름이다.

이제 사람이 왜 옷을 입어야 하는지, 왜 의·식·주인지 더 설명할 필요가 없을 줄 안다. 그리고 여기 더더욱 분명한 진리는 예

수로 새롭게 된 의의 옷을 입는 것—그것이 비로소 인간 최고의
'품위'였다. 할렐루야!

집들이

현관문을 밀고 들어와 신발을 벗으면서 텅 빈 집에 대고 큰 소리로 외친다.

"잘 다녀왔습니다, 아버지이—"

내 입에서 나와 내 고막을 울리는 그 소리가 어쩌면 그렇게도 경쾌하고 신명이 나는지! 밖에서 혹시 무슨 좋은 일이라도 있었냐고?

물론 특별히 따로 좋은 일이 있을 것도 없었다. 친구들과 점심 먹고 그저 그렇고 그런 얘기를 노닥거리다가 저녁까지 때우고 들어오자니 약간 피곤하던 터에 말끔하게 치워진 아늑한 내 집이 나를 기다려주고 있었다는 데 그만 확 취해 버린 것이다. 나를 반겨줄 식구나 애들이 아니라도, 아니 강아지 한 마리 없어도 내가 돌아올 내 집이 있다는 게 이리도 행복한 줄을 전엔 미처 몰랐었다.

"잘 다녀왔습니다, 아버지!"는 애들이 학교에서 돌아와 "엄마, 다녀왔습니다!" 하고 외치는 인사와는 물론 같은 인사는 아니다. 애들은 엄마에게 시방 나 돌아왔다는 인기척이지만 나의 인사는 말 그대로 그야말로 인사다. 하루 동안 동행하셨음에, 안위하셨음에, 그리고 더 좋도록 인도하셨음에 대한 감사다. 그리고 더더욱 큰 감사는 이렇듯 언제든 나를 품어줄 좋은 안위터를 내게 허락해 주셨다는 것이다.

흔히 사람들은 세상의 기적 중의 기적은 지금 내가 살아 있다는 사실이라고들 말한다. 맞다. 빗살 같은 좁은 삶터에서 북적거리며 용케도 잘 헤쳐나온 자신의 재주(?)가 대견하기 짝이 없잖은가. 그러나 우리(크리스천)는 내 재주 때문이 아니라 우리가 아버지라 부르는, 전적으로 그분의 은혜였다고 고백한다. 그리고 그 사실을 모든 사람에게 일깨우기 위해 살고 있다 하겠다.

여우도 굴이 있고 공중에 나는 새도 다 깃들 곳이 있게 마련이지만 나는 요즘 늙어서 혼자 사는 즐거움을 새삼 만끽하고 있다. 자식이 없는 것도 아니면서 혼자 사는 게 서러움도 외로움도 아니라는 걸 아마 여느 사람들은 잘 이해하지 못할는지도 모르겠다.

애당초 사람은 누구나 환경에 적응하도록 피조되었다. 요즘 젊은이들이 어른과 함께 살라면 초풍을 하는데, 따로 조용히 살고 싶어 하는 건 오히려 어른들이 더하다는 걸 모르는 모양이다. 만약 형편상 자식과 함께 살아야 할 어른이라면 얼마나 죽을 맛일지,

불쌍하고 서러운 건 아마 그들일 것이다. 물론 병들어 기동이 어려운데 혼자라면 서럽기 그지없겠지만 그렇다고 요즘 병든 부모 모시는 자녀가 어디 그리 흔한가. 어차피 병원이나 시설에서 맡게 되어 있으니 달라진 건 자녀들만이 아니요 부모상父母像도 마찬가지다. 글쎄, 노인 인구가 넘친다고 걱정이 태산인데 엄밀히 그 이유가 바로 요즘 불효자들 덕분(?)이라면 역설적인가? 옛날엔 오십만 돼도 자식 덕에 편히 살았지만 요즘 노친네들, 팔십이 돼도 모든 걸 손수 해결하고 살아야 하기 때문에 그만큼 건강에 좋아서라면 옳거니, 쌤통! 박수우— 그러게 세상만사가 꼭 다 좋은 것만도, 다 나쁜 것만도 아니라니까. (웃음)

자, 그러면 앞에 옷〔衣〕에 대해 얘기했지만 기왕 말이 났으니 오늘은 집〔住〕에 대해 생각해 보기로 하자.

목재와 시멘트로 만들어진 무생물체인 집에서 인간이 안락은 모르지만 어떻게 행복을 느낄 수 있는 것인지 고개가 갸웃해질 수도 있을 것이다. 중요한 건, 그렇다면 이 집은 과연 그 어디에도 생명의 호흡이 전혀 없는 그냥 텅 빈 공간일 뿐이란 말인가. 아니, 아니다. 이곳엔 항상, 언제나, 열두 식구의 내 가족이 있고 양가 부모님도 자주 들르시고 친구들도 늘 들락거린다. 언제든, 누구든 오면 맞아들일 수 있는 내가 있는 내 집이다. 유식한 말로 Home이나 House냐 구태여 따로 가를 필요도 없다. '구성원이 복수라야 Home'이란 개념도 무지한 소치다. House는, 마치 영혼을 담고 있는 육체처럼 Home을 담고 있는 그릇이기 때문이다. 세상엔 아무도 저 혼자 사는 사람은 없다. 설사 저 혼자 먹고 저 혼자 일을 한다고 해도 결코 저 혼자 사는 것은 아니란 말이다.

우리 집 거실엔 "내가 이 집을 거룩하게 구별하여 나의 이름과 눈과 나의 마음을 영영히 이곳에 두리니."-왕상 9:3 액자가 옆으로 길게 걸려 있다. 이게 무슨 말인가. 내가 왜 무생명체 House에 대고 잘 다녀왔노라 인사한단 말인가.

젊었을 땐 애들 돌잔치보다 집들이가 더 잦았었다. 돌잔치야 아이 수대로일 뿐이지만 집들이는 잦을 수밖에. 더 큰 집, 위치 좋은 집(그 반대일 수도)을 찾아 옮겨 다니다 보니 사람들이 여러 가지 이유로 집들이는 꼭 해야 했다. 지인들께 일단 자기 처소를 알리는 건 마땅한 예의겠지만 한국 정서상 집들이는 보다 깊은 뜻이 있다.

우리 시골에선 정월 대보름 명절엔 꼭 마당밟기를 했다. 농악대가 시끌벅적하게 한 판 놀고는 잘 먹고 또 다른 집으로 간다. 그러니까 지신地神을 숨 못 쉬게, 준동하지 못하도록 밟아준다는 뜻이다. 바꾸어 말해 한 해 동안 무탈하고 안녕하길 기원하는 굿판이다.

집들이도 같은 맥락이다. 아무리 풍수지리의 방위를 잘 택했어도 귀신은 언제나 살아서 역사하기 때문에 가급적이면 뻑적지근

하게 눌러주는 것이 좋다. 그래서 또 상다리가 휘도록 잘 차린다. 흔히 집은 사람이 휘어잡고 살아야지 사람이 집에 눌려선 안 된다고 말들을 한다. 다 같은 말이다.

내가 지금 사는 이 집은 급매물로, 보지도 않고 계약부터 하고 나서 처음으로 들어와 보니 천정이며 벽이며 빨간 십자가가 여기저기 어지럽게 붙어 있었다. 나도 크리스천이지만 왠지 섬뜩했다. 아랫집에 사는 같은 교인이 나더러 기도를 많이 해야 할 것 같다고 귀띔했다. 이 집 주인 신앙관이 우리와 조금 다른 것 같다고. 그래서 도배하는 이에게 절대 그대로 덧붙이지 말고 반드시, 전부 떼어내고 하라고 주문했더니 그야 당연하지 그대론 도배가 되지도 않는단다.

내가 섬뜩한 것은 물론 그냥 기분상의 문제였다. 예수님의 피를 상징하는 의미의 그것을 붙이는 심정은 귀신을 쫓겠다는, 얼씬하지 못하게 하려는 일념이었을지 모른다. 그러나 우리의 인식상 빨간 십자가는 그만큼 구급救急을 요한다는 것으로, 교회마다 하늘에 떠 있는 빨간 십자가야 시방 바깥사람들이 멸망의 바다에서 허우적대는 구급 대상이니 말 된다. 하지만 우리는 이미 구원을 받았는데 집안에 빨간 십자가는 아니라는 생각인 것이다. 나는 아랫집 권사님께 "그분(전 주인)이 그만큼 절박했던 것 아니냐. 그래서 그 불황기에 내가 집을 샀으니 결국 구급된 거네"라며 함께 웃었다.

나도 초신자 때 우리 집 거실에 "나사렛 예수 이름으로 명하노니 사탄아 물러가라!"는 액자를 한동안 걸어놨었다.(당시엔 믿는 이의 집에 그런 성구 같은 게 별로 없을 때였다.) 어느 날 목사님이 심방 오셔서 그것을 입으로 뇌시더니 웃으시며 이건 집에 사탄이 있다는 것을 전제한 거냐고 하셨다. 어라? 아주 중요한 문제였다. 물론 아무리 독신자篤信者라도 마귀는 쉬지 않고 집적대지만(예수님도 시험 당하셨는데) 그렇다! 마귀는 아예 그 존재 자체부터 싹 무시하고 나서는 게 더 효과적(?)일 것 같아 나는 그 액자를 떼어버렸다.

집안에 늘 찬송이 흐르고 기도가 있는 한 마귀는 옴짝 못하게 되어있다. 샬롬! 샬롬은 귀신이 아니라 하나님이 함께하신다는 징표다. 그러니까 크리스천의 집은 날마다 24시간 집들이가 계속되고 있는 셈이다. 무엇이 두렵단 말인가.

하나님은 나의 주인이시니 나의 집도 그분이 주관하신다. 그분이 함께하시는 집이기에 이곳에 행복이 있는 거라고—지금까지 내가 말하고자 하는 포인트다.

P·R을
PR하기

미국의 어느 지방 소도시에서 어느 날 자선 쇼가 열렸다.

막이 오르고 아무런 안내도 소개도 없이 한 광대가 나와서 판토마임(무언극)을 시작했다. 본래 판토마임이란 대사가 없으니 테마나 스토리를 모르면 내용을 알 수 없는 건 당연했다. 광대는 혼자서 종횡무진 무대를 누볐지만 관중은 도무지 뭐가 뭔지 알 길도 없었고, 그러니 재미가 있을 리도 없었다. 모처럼 잔뜩 기대하고 구경거리를 찾아 나선 사람들은 짜증이 났다.

여기저기서 웅성이기 시작하더니 급기야

"에이, 치워라!"

"때려 쳐라!"

야유가 빗발치는 소란이 벌어졌다. 결국 막이 내리고서야 진정되었다.

사회자가 나와서 마이크에 대고 이렇게 말했다.

"아아, 안타깝습니다. 여러분은 일생일대의 행운의 찬스를 그만 놓치셨습니다. 방금 여러분께 공연을 보여드린 분은 바로 보브 호프였습니다."

뭐라구? … 장내가 다시 술렁이기 시작했다. 보브 호프! 언필칭 코미디의 황제요 '20세기의 가장 위대한 만능연예인'으로 칭송받는 그다. 영국 왕실로부터 작위를 받았으며 백악관 무상출입증까지 지닌 그의 미국에서의 명성과 위상은 가히 우리의 상상을 불허할 정도였다.

이번엔 여기저기서

"안 돼—"

"다시 해!"

"다시 해라!"

아무것이나 닥치는 대로 쿵쿵 치며 걷잡을 수 없이 난장판이 벌어졌다.

이윽고 다시 막이 오르고 광대가 다시 나와 아까와 똑같이 공연을 했다. 장내는 물을 끼얹은 듯 조용했다. 모두는 고개를 끄덕이며

"음— 달라……"

"아무렴!"

"과연 달라……"

감탄사를 연발하며 그대로 감격에 취해있었다.

도대체 무엇이 어떻게 다르단 말인가. 아까는 그 광대가 누구인지를 몰랐었고 지금은 그가 그 유명한 보브 호프란 걸 알았을 뿐인데 똑같은 공연을 두고 무엇이 그토록 다르다는 것인지!

이것이 바로 인간인 것이다. 나는 지금 선입견이나 고정관념을 말하고 있다. 그렇듯 인간은 제가 그렇다고 생각하는 것, 믿는 것, 그 틀 안에서만 모든 용납이 가능하다. 그 어떤 과학적 임상적 논증도 제가 믿고 싶지 않은 것은 필요 없다. 다시 말해 제가 보고 싶고 듣고 싶은 것에만 마음 문을 연다. 교육이나 수학修學이 액면 그대로 꼭 효과를 보는 것은 아니라는 말이다. 그래서 이런 해프닝이 심심찮게 벌어지곤 한다.

교회에서 가끔 헌신 예배 등 외래강사를 초빙했을 때 담임목사님은 식상하리만큼 강사를 요란하게 치켜세운다. 가령 그 강사가 장로님일 경우 침이 마르도록 세상 경력을 나열하는데 어이가 없어지기도 한다. 대관절 그 예배에 그 경력이 무슨 필요란 말인가.

그러나 꼭 필요한 소개는 해야 한다. 적어도 강사의 신분(교회 직분)은 말해줘야 한다. 얼마만큼 내가 마음의 문을 열고 들어가야 할지는 내가 정하기 때문이다. 만약 아무 소개도 없이 누군가 무작정 단에 섰다고 하자. 듣는 사람은 한 시간 내내 공연히 갈피를 잡지 못하고 헤맬 것이다. 상대방에 대한 기대치를 전혀 대중하지 못

하고선 누구도 들을 준비가 되지 않는 법이다. 그러니까 앞의 보브 호프의 경우도 전혀 관중의 잘못이 아닌 셈이다.

또한 사람은 때로 자기 P·R을 할 줄도 알아야 한다. 발언자가 정확히 자기를 소개한다는 것은 적어도 제가 지금 말하고자 하는 소견이나 지론에 관심과 신뢰를 유발시켜야 할 의무가 있기 때문이다. 제아무리 대단한 구상이라도 내 안에 감추인 채로만 있다면 무슨 소용인가. 그것이 나의 설명을 통해 밖으로 나타났을 때 누군가 관심하게 되고 비로소 관계가 성립되는 것이며 그래서 P·R(Public Relations)이다. 그런데 자기 P·R이 자칫 자기 자랑이 될 수밖에 없는 것은 지극히 자연스런 현상이다. 문제는 그럼에도 상대가 그것을 결코 자기 자랑으로 치부하지 않도록 만드는 것이 가장 잘한 P·R일 것이다.

우리가 잘 아는 사람 중에 자기 P·R의 명수는 사도 바울이다. 바울은 성경에서 실로 민망하리만큼 유치찬란하게 자기 자랑을 늘어놓는다. 물론 거기엔 그만한 개연성이 있다. 당시 사람들은 한쪽에선 바울이 예수를 증거한다며 천민으로 비하했고 다른 한쪽에선 그가 예수님의 정 제자가 아니라는 이유로 외면하고 이단에 미혹되어가는 것을 보며 그는 안타까이 가슴을 친다. "내가 부득불 자랑하노니"하며 아주 작심하고 자랑단지를 두들긴다.

그는 자신이 로마 시민권자요 가브리엘의 문하생이며 팔일 만에 할례를 받았고 이스라엘 족속이요 베냐민 지파요 히브리인 중의 히브리인이며 바리새인이요 율법의 의로는 흠이 없는 자란다.
(와-) 그런 자신이 구태여 이 고생을 해야 될 이유가 뭐겠느냐고
반문한다. 그것은 다메섹 도상에서 예수님으로부터 친히 사명을
부여 받은 단 한 가지 사실 때문이라고 스스로 답한다. 자신이 예
수님을 위해 얼마나 모진 고난과 위험을 당했으며 몇 번이나 옥
에 갇히고 하다못해 태장을 몇 대나 맞은 것까지 열거한다. (치사
해라.) 자기처럼 삼층천 하늘의 신비를 맛본 사람이 있으면 어디 나
와 보라고 호령한다. (어쭈구리!) 자기네가 전한 복음 외엔 하늘에서
천사가 내려와서 전할지라도 듣지 말랜다. (히야-) 세상에 이런 오
만과 독선이 또 어디 있단 말인가.

　　그래도 오늘 우리는 아무도 바울이 자기 자랑만 하는 오만방
자한 인간이라고 생각하지 않는다. 왜일까? 그것은 결코 자기를 자
랑하기 위한 자랑이 아니요 모든 사람을 오로지 구원으로 인도하
기 위한, 피를 토하는 일념인 것을 믿기 때문이다. 그러니 사람은
확실하게 자기 P·R을 할 필요가 있다. 흔히들 자기 P·R이란 거짓
이라도 그럴싸하게 포장하여 내놓는 속임수로 오해하기 쉬우나 아
니다! 자기 P·R은 자화자찬이 아니라 어디까지나 자기를 올곧게
나타내 바른 평가를 받자는 것이다. 구슬이 서 말이라도 꿰어야
보배 아니던가. 대개 꿈은 이룬 후에야 평가 받지만 그 이전에 이
루는 과정에서도 반드시 누군가의 공감과 응원을 받아야 한다. 저
혼자서 이불 속에서만 꾸는 꿈은 개꿈일 뿐이다.

사람은 누구나 세상을 향하여 하고 싶은 말이 있다. 그래서 각자 이 모양 저 모양으로 떠들지만 고백컨대 나도 젊은 날, 아니 한 평생을, 내 삶이 결코 무명의 광대놀음이게 해선 안 된다고 무던히 몸부림쳐온 것 같으나 지금, 비록 이 어설픈 소품이나마 당당히 아무개란 이름으로 더 무게를 실어주지 못해 못내 아쉬울 따름이다.

나는 주님께 항변한다. 왜 구하면 주시마 약속하셨으면서 유독 내게만 그리 끝내 침묵하셨어야 했느냐고.

주님은 다정하게 속삭이신다. 그래도 넌 지칠 줄 모르고 지금도 끈질기게 구하고 있지 않느냐며 그게 바로 응답이란다. 그래서 날 더욱 기대하시는 거라고……(?)

물론 나는 그것을 결코 눈 가리고 아웅 하는 얍삽한 자기 위로라고 애써 스스로를 폄貶하진 않겠다. 나는 나로 그렇듯 끈질기게 구하게 하신 이가 바로 그분이시란 걸 추호도 의심하지 않기 때문이다. 그리고 또한 그것은 정녕 나의 길을 보다 완전케 하시기 위한 –시18:32 그분의 계획에 틀림없을 테니까 말이다.

초심
지키기
　　생명
　　살리기

　어차피 인간이 완전하지 못하기 때문에 지내 놓고 보면 후회되는 것투성이다. 때로 아쉽게, 안타깝게, 아니 통절히 후회되는 사연이 구구절절이지만 엄밀히 따지고 보면 아주 간단한 이유인데도 저마다 핑계를 대느라 여전히 또 다른 후회거리를 장만하고 있음을 보게 된다. 참으로 딱한 노릇이다. 그러니까 인간을 저 회한의 나락으로 밀어뜨린 가장 확실하고 공통된 주범이 거의가 우리의 어리석은 교만 때문이었다는 것이다.

　인간에게 이 교만만큼 심각하고 중차대한 문제는 없음에도 사람들은 평소 이에 지나치게 무심하고 안이하다. 단순히 그것이 싫다 나쁘다 하는 정도의 감정적 문제가 아니요 바로 사느냐 죽느냐의 문제라는 걸 나는 오늘 각별히 역설해야겠다.

　애당초 에덴에서 하와로 하여금 금기의 실과를 따 먹게 한 결정적 유혹은 뱀의 말대로 그 실과를 먹음으로 하나님'처럼' 눈이 밝아 선악을 알게 될 거란 것이었다. 그때부터 인간은 항상 높아지려는, 나아지려는, 그래서 유세를 떨려는 교만이 본능이 되고 만 것이다.

그래서 하나님은 실락원 하게 된 인간에게 한 과제를 주시고 복락원의 길을 열어주셨다. 그것은 그 파멸의 쓴 뿌리를 온전하게, 깨끗이 뽑아 버리는 것이다.

나는 나의 책 1집에서 이 문제를 다루었다. 〈이래서 예수는 구세주〉. 교만과 비굴의 좌표는 같다는 전제로 인간의 가장 난제인 이 문제를 예수님은 어떻게 극복하셨는가를, 하여, 그분은 메시아에 틀림없다는 논지다.

교만하고 비굴한 인간을 좋아하는 사람은 세상에 단 한 사람도 없다. 왜? 그것은 인간이 애당초 창조된 대로의 하나님의 형상이 아니기 때문이다.

하나님께서 겸손한 자를 축복하시고 교만한 자에게 진노를 내리시는 건 예거한다는 게 오히려 새삼스러운 노릇이다. 이것은 그저 도덕적·교훈적 차원이 아니란 말이다. 바로 죽고 사는 문제라 했다. 성경에 하나님이 싫어하시는 일곱 가지 가운데 첫 번째가 '교만한 눈'이란 것만 보아도 문제의 문제성을 알 만하지 않은가.

나는 어렸을 때부터 뜻도 잘 모르면서 "교만은 패망의 선봉이요…"-잠 16:18를 주문처럼 외우고 다녔다. 그리고 오랜 세월을 사는 동안 이 두렵고도 오묘한 진리가 바로 모든 문제의 열쇠라는 걸 터득하게 된 것이다.

또 재미있는 얘기를 하나 하자. 내가 알기로 한국에 약 6만 개의 교회가 있다는데 그 중에서 여성 일색(3명)으로 구성된 당회가 딱 한 교회 있다. 엄청 대단하고 역사적인 교회 같지만 애석하게도 그렇지 못한 아픔을 토로하지 않을 수 없어 유감이다. 그 교회는 어느 중대형 교회에서 목사 장로의 분규로 갈라져 나온 작은 교회다. 임직 투표를 하는데 마침 남자는 서리집사뿐이요 여자는 권사들이 많았다. 남자 집사들이 모두 젊은이들인지라 자동적으로 여성 당회가 구성된 것이다. 그런데 재미있는 일이 벌어졌다. 대예배 기도를 셋이서 계속 돌아가며 하자니 부담스러웠던지 신참 안수집사들을 참여시키기로 한 것이다. 그들도 장로가 돼야 할테니 훈련시키는 거라나. 권사들은 오후 예배, 수요 예배만 담당시켰다. 그런데 중요한 것은 그게 목사님의 복안이 아니라 전적으로 장로들의 뜻이라는 점이었다. 목사는 자의로 주보 하나도 못 짜는 로봇이요, 자칫 화장실 가는 것조차도 당회의 허락을 받아야 한다는 식의, 기상천외의 교회 운영이었다.

마침하고 그 교회에 그 문제에 관한 한 선진한 은퇴 권사 한 분이 있었다. 이건 외부에 대고 교회 망신이니 차라리 이런 주보는 내지 말라고 주문했다. 주보 없다고 예배 못 드리느냐고. 그랬더니 장로들이 그건 마치 자기네 특권이라는 양 기세등등하여 대예배에 권사 기도시키는 교회가 어디 있느냐며 늙은이는 잠자코 있으라는 둥 안하무인이었다. 노권사는 기가 찼다. 그러게! 상놈이 갓을 쓰면 어쩐다더니 참으로 가관이었다. 쯧쯔…… 그렇다고 가만있을 그녀가 아니었다.

"이거 봐요! 언제 적 얘길 하고 있는 거야? 아니, 설사 모든 교회가 다 그렇더라도 우리 교회만은 그러면 안 되지. 앞에 여성 일색의 당회원 명단을 빼든지 뒤에 남녀 성차별하는 당월 기도 순서란을 빼든지 해야지 이건 완전 코미디야. 허유! 그 대단한 장로님들께서나 대예배 기도를 하시지 집사는 왜 꺼붙여? 어디, 묻자. 그래, 자기넨 어떻게 권사가 장로가 됐지?"

그분은 일생을 교회 여성 지위향상을 위해 애써온 분으로, 우리 당회는 하늘 아래 둘도 없는 부끄러운 당회라며 몹시 가슴 아파 했다.

아무리 보고 배운 게 그뿐이라지만 도둑도 빠르지, 장로들은 사사건건 목사를 옥죄고 간섭하자 보다 못한 교인들이 등을 돌려 교회가 또 쪼개지는 바람에 망신살이 뻗쳤다. 교인 없는 장로가 무슨 필요란 말인가.(아마 그들도 임직할 때 교인과 교회를 잘 섬기겠노라 가슴 뜨겁게 서약했을 것이다.)

이 모두가 바로 교만의 수순이란 걸 나는 지금 말하고 싶은 것이다. 인간은 아무리 겸손하자고 스스로 다짐하며 몸부림해도 뭔가 좀 나아지고 올라가면 오만방자해지기 마련이다. 그게 그렇듯 쉬운 거라면 인간이 필생의 과제로 삼을 이유가 뭐겠는가.(그들도 본래는 그렇지 않았었다. 그러니까 뽑혔지.)

사람들은 흔히 오만을 신념이라 착각한다. 무엇을, 누구를 위한 신념이란 말인가. 이타利他가 되지 못한 신념은 곧 오만이요 교만이요 그대로 패망하고야 마는 게 공식이다. 그러고 보면 "섰다 할 때 넘어질까를 조심하라"는 말씀만큼 고마운 충고가 세상에 또 어디 있을까. 그래도 사람들은 그 말을 그저 지당하신 말씀으로 가벼이 넘기고 만다. 행한 대로 갚으시는 하나님을 정말 두려워한다면 그럴 수는 없는 것이다.

나는 요 근래 우연히 참으로 재미있는 것을 발견하고 깜짝 놀랐다. 욥기서(22:29)에 이런 말씀이 있다.

"네가 낮춤을 받거든 높아지리라고 말하라. 하나님은 겸손한 자를 구원하시느니라."

나는 전엔 이 말씀을 '아무리 업신여김을 받아도 묵묵히 참고 기다리라.' "하나님의 능하신 손 아래서 겸손하라. 때가 되면 너희를 높이시리라. ─벧전5:6"처럼 그저 위로와 격려의 말씀이거니 싶었다. 그런데 요즘의 개역개정판에 이 요절이 이렇게 번역되어 있는 것이다.

"사람들이 너를 낮추거든 너는 교만했노라고 말하라."

나는 뭉클해서 그만 밤중에 짝짝─ 크게 박수를 쳤다. 실로 묵은 체증이 확 내려가는 것 같았다. 나는 히브리어를 모르니 정작 어떤 것이 본뜻인지는 잘 모른다. 다만 내가 좀 어리둥절한 건 신·구 번역의 차이가 너무 엉뚱하다는 점이다. 설사 누군가의 편의적인 해석이라 하더라도 나는 후자가 무척이나 마음에 든다.

나는 다짐한다. 그렇다. 나는 사람들이 나를 낮추거든, 무시하거든, 싫어하거든, 등을 돌리거든, 분부대로 "내가 교만했노라" 말하리라. 아아, 내가 사는 길이 거기 있는데야 얼마나 근사한가!

이제 정리하자. 인간이 망하고 죽는 건 다름아닌 교만 때문이라 했다. 그러나 그 사실을 인정하고 수용하기만 하면 사는 길이 열린다.(과연 하나님은 사랑이셨다.) 문제는 바닥에 엎드려서 했던 서원을 일어서서 지키는 사람이 썩 드물다는 것이다. 왜냐하면 "stay foolish!"를 부르짖던 스티브 잡스의 명언대로 우리는 우직하던 초심을 잃어버리고 어느새 너무 영악해져 버렸기 때문이다.

초심을 잃는 것이 예비된 죽음의 길이란 걸 모르는 크리스천은 아무도 없다. 그럼 어째서 뻔히 알면서도 제 맘을 제가 주장하지 못하는 것일까? 우리는 내 안에서 끊임없이 나를 넘어뜨리려는 악한 세력의 존재를 간과해선 안 된다. 우리가 주 안에서 끝까지 선한 싸움을 싸워야만 하는 이유다.

옛날 이스라엘 사람들은 자녀들에게 광야 생활을 잊지 않도록 교훈하기 위해 출애굽할 때 메고 나왔던 류색 가방을 집집마다 벽에 걸어놓았다고 한다.

초심을 잃지 않는 것, 회복하는 것만이 정녕 내가 사는 길이거니.

하나님,
안녕히
주무세요

사람들의 인생관이 각양각색이듯 신앙관도 가지가지다. 세상사 모든 것이 저마다의 성격대로, 생각대로, 그 차이는 어쩔 수 없는지도 모른다.

인간은 태생적으로 누구나 종교에 무심할 수 없는 존재다. 어느 누구라고 자신의 죽음 이후에 대해 불안과 공포를 한 번도 느껴 보지 않은 사람이 있을까? 그러자니 결국 인간이 갖가지 종교를 만들어 내지 않을 수 없는 것은 너무도 당연한 이치다.

죽으면 아무것도 없다고 믿는 두려움보단 죽어서 지옥 갈는지도 모른다고 생각하는 두려움이 차라리 만 번 나을 수밖에 없는 것은, 지옥이야 있거나 말거나 안 가도록 하면 그만이지만(?) 죽으면 아무것도 없는 끝이라고 생각했을 때의 그 허망한 두려움은 속수무책이 아닌가.

그런데 여기, 자기네의 종교는 결코 인간이 만든 게 아니라고 목청을 돋우는 종교가 있다. 창조주께서 친히 피조물에게 내리신 종교라고 말이다. 어떤 이에겐 말 같지도 않은 이 말이 오늘 진리로 엄존하고 있으니 이 얼마나 다행인지!

그래서 대부분의 사람들은 하나님을 그냥 '있다고 하니까' 또는 스스로 '있다고 치고[看做]' 믿고 들어간다. 없으면 큰일이니까, 꼭 있어야 하니까 믿지 않을 수 없는 것이다. 이른바 관념적 신앙이다. 어쩌면 지금껏 나의 믿음도 그 '있다고 치고' 믿는 믿음에 다름 아니었을지도 모르겠다.

그러나 그게 아니다. 그래서도 안 된다는 것이 지금 우리의 과제가 되고 있다.

성경은 전체가 하나님의 뜻과 계획과 섭리에 관한 이야기다. 자, 그렇다면 우리가 하나님을 믿되 무엇을 어떻게 믿어야 할 것인지를 한마디로 요약한다면 그 정곡, 핵심은 무엇일까?

이 문제에 대해선 아마 각자 비슷하면서도 서로 다른 요절들로 강조할 것이다. 그러나 나는 비단 오늘의 테마가 아니라도 감히 이 요절을 들겠다. 이보다 더 극명한 정리整理가 달리 없을 것이라 싶어서다.

"하나님께 나아가는 자는 반드시 그가 계신 것과 자기를 찾는 자에게 상 주시는 이심을 믿어야 할지니라."-히 11:6

처음 이 요절을 접했을 때 나는 또 우선 논리적 모순에 봉착

하고 말았다. 아니 그래, 누가 그 존재도 믿지 못하면서 그에게 나아간다는 말인가. 적어도 '나아갈' 땐 그 존재를 믿기 때문일진대 에이, 성경은 지나치게 수사적修辭的이라고 나는 속으로 못마땅했다. 아울러 자기를 찾는 자에게 보상하시고 약속을 지키시는 이심을 믿으라는 덴 나는 전적으로 아멘이었다. 이 얼마나 솔깃한 복음인가. (웃음)

자, 그럼 문제는 왜 지금 그에게 나아가고 있는 자에게 새삼스레 반드시 그가 '계신 것'을 믿어야 한다고 강조하고 있는가이다. 옳거니! 나는 문제를 바로 짚었다. 그리고 나는 그제야 하나님께서 구태여 "내 이름은 여호와"라고 강조하시는 뜻을 알 것 같았다.

그러니까 어디까지나 가상적 존재가 아닌 실존의 하나님, 그것도 임마누엘 현존現存의 하나님이 지금도 살아 계셔서 역사하시고 우리를 주관하고 계신다는 사실을 믿는 믿음만이 그분을 기쁘시게 한다는 것이다.

나는 누누이 우리 쉽게 믿자고 말하고 있다. 바로 믿는 첩경은 어렵게 복잡하게 비틀지 말고 그냥 성경을 액면 그대로 받아들이자고.[대개 머리도 안 되는 측이 (나처럼) 꼭 따져요. 맞다. 하긴 그 머리로 그게 어찌 이해가 되겠는가.]

언젠가 나는 "무조건 믿는 것이 왜 과학적인가?"라는 좀 야릇한 제목의 설교를 한 적이 있다.

자, 아빠가 아들에게 구구단을 가르친다. 2단의 원리를 설명한다. 2에 2를 보태면 4. 2를 세 번 보태면 6……. 3단의 원리도 똑같다고 설명해 주었다. 똑같은 원리라는데도 아들은 4단, 5단…… 9단까지 똑같은 설명을 반복시킨다. 아빠는 제 자식이 이렇듯 미련퉁이인가 싶으니 갑자기 짜증스럽다. 저도 모르게 "무조건 외워!" 하고 악을 쓰고 말았다. 곁에서 엄마가 아들 역성든답시고 무조건 외우라니 그건 비과학, 비논리적이란다.(허이구, 그렇지! 그 머리가 그 머리렷다?)

공식은 무조건 외우는 것보다 더 상책은 없다. 누가 무슨 수로 공식을 뒤엎을 것인가.

아, 참! 이제 보니 이 문제를 아주 쉽고 간명하게 정리해 줄 재미있는 이야기가 있다.

여학교 친구 중에 양장점을 하는 친구가 있었다.(젊었을 땐 그곳을 아지트 삼아 친구들이 매일같이 모여 뒹굴었다.) 그 집에 일을 배우는 조수 소녀가 있었다. 친구가 전도해서 함께 교회를 다녔다. 애가 어찌나 순진한지 모두들 예뻐라 했다. 그런데 그는 꼭 저녁 잠자리에 들기 전 벽을 향해 "하나님, 안녕히 주무세요"라며 절을 한다고 했다.

뭐? 졸지도 주무시지도 아니하시는 하나님이신데 당치 않다고? 그리고 그것은 귀신한테 절하는 불교식이라서 안 된다고?

유식도 하셔라.[걸핏하면 무슨 무슨 복음 몇 장 몇 절을 입에 달고 사는 안단이 박사나 새벽기도에 나와 실컷 졸고는 돌아가는 길에 남의 밭에서 호박 따다가 찌개 끓여 놓고 다 식어 빠지도록 길게 감사기도(?) 하는 엄청 믿음 좋은 사람들 때문에 나는 늘 질린다.] 나는 지금 하나님의 실존에 대해 얘기하고 있다. 그것이 불교식이든 유교식이든 그래서 안 되는 게 아니라 다만 허상虛像에 대한 의식주의儀式主義는 아니라는 것뿐이다.

고백컨대 이제부터의 나의 소망은 오히려 그 소녀처럼 믿는 것이다. 빈말이 아니라 정말 나의 간절한 소원이다. 만약 그렇듯 가식 없이 직접 하나님과 늘 교통할 수만 있다면 하나님은 나로 얼마나 기뻐하실꼬!

여호와 하나님! 오늘도 감사했습니다. 안녕히 주무세요.

마지막
　　웃는
　　자

　사람은 오매불망 한몫 잡고 대박을 터뜨리는 일확천금을 꿈
꾼다. 대부분이 그런 생각을 스쳐 보내고 말지만 실제로 그것을 위
해 헛되이 신명을 바치는 사람도 적지 않다. 물론 그러다가 정말 성
공 리스트에 오른 사람도 없지 않지만.

　그러면 인류 역사상 가장 횡재한 사람은 누구일까? 나는 누
가 뭐래도 단연 예수님이 십자가에 달리실 당시 함께 달린 우편 강
도였다고 서슴없이 예거하겠다.

　그는 행악자로 사형수요 그곳은 형 집행장이었다. 그는 때 아
닌 때에 곳 아닌 곳에서 세상에서 가장 아름다운 꽃으로 피어난
것이다. 이것이 바로 인간이 지닌 무한한 가능성이며 위대성이라
아니할 수 없겠다.

　오늘은 사람들이 그토록 바라던 횡재를 단숨에 거머쥘 수 있

는 비결을 배워 보기로 한다.(우리에게도 똑같이 열려있는 길일진대 어찌 무심하리오!)

"예수여, 당신의 나라에 임하실 때에 나를 생각하소서" — 우편 강도.

"오늘 네가 나와 함께 낙원에 있으리라." — 예수

이것은 아주 정석의 간구와 응답이다.

그럼 누구나 같은 수순이면 같은 결과가 보장되는가? 물론 아니다. 여기엔 그 이전에 절대 불가결의 과정이 있었다.

또 다른 한 강도가 십자가상에서 예수님더러 네가 그리스도가 아니냐. 너와 우리를 구원하라고 비아냥거릴 때 우편 강도는 단호하게 그를 꾸짖었다.

"네가 어찌 (동일한 정죄를 받고서도) 하나님을 두려워 아니하느냐."

이분은 '행한 것이 옳지 않음이 없'는 그리스도임에 틀림없다는 확신을 가지고 바로 자신을 예수께 의탁한 것이다. 예수님을 넉넉히 감동시키고도 남을 만했다. 그러나 그보다 훨씬 갸륵한, 가슴 치는 진심의 고백이 여기 있다.

"우리는 우리가 행한 일에 상당한 보응을 받는 것이니 이에 당연하거니와"-눅 23:41

예수님을 그렇듯 감동시킨 것은 어쩌면 이 점이었을지 모른다. 그것은 바로 회개였다. 우편 강도는 단숨에 구원에 이르는 모든 절차를 밟은 것이다.

　그러고 보면, 우편 강도가 인류 역사상 최대의 행운아임엔 틀림없지만 그것은 그에게 마지막 기회였다는 시간적 절박성의 의미에서일 뿐, 엄밀히 따지자면 그에겐 행한 대로 갚으시는 하나님 법칙 그대로였을 따름으로, 앞의 그를 모델로 삼은 횡재 운운의 표현은 정정해야 마땅할 것이다. 어찌 그것이 복권처럼 요행으로 주어졌더란 말인가. 믿음은 확률이 아니요 99프로의 가능성도 아니라고 했다. 오로지 100프로의 절대성이다. 그러니까 그는 구원 받아 마땅해 구원 받았을 뿐이란 말이다.

　몇 해 전 우리 선교회 주관으로 여학교 동기동창회를 열었었다. 관례대로 먼저 예배를 드렸다. 불신자도 모두 동참했다.

　설교란 누구 앞에서나 쉽지 않은 거지만 친구들 앞에서의 설교는 더더욱 어려운 일이었다. 차라리 대학교수 모임에서 강의를 하고 말지(그쪽은 그래도 쑥떡같이 말해도 찰떡같이 알아먹어 주기라도 하지) 친구들은 무조건 뭐든지 대등시하는 속성상 참으로 난감한 일이 한두 가지가 아니다. 본래 피아(彼我)의 차이를 인정하려 들지 않는 게 친구다. 어째서 그래야 하는지 실로 맹랑한 노릇이다. 그래도 그 짓(선교회)을 30년을 해 왔으니 나도 참 어지간한 셈이다.

　나는 그날 누가복음의 위 구절을 본문으로 삼았다. 그들에게 앞의 논리는 좀 난해하니 마지막 찬스를 붙잡은 지혜로운 우편 강도의 횡재 쪽으로 이야기를 풀어갔다.

"다른 친구들은 예수 믿으라고 귀찮게 하는데 김 권사는 안 그래서 좋다는 말을 많이 들었습니다. 그래요. 난 사석에서 예수 얘기 잘 안 합니다. 그건 단적으로 내가 얼마나 날나리 권사인가의 증거입니다. 시방 친구가 급류에 떠내려가며 죽게 됐는데 구명 밧줄이라도 못 던져줄 거면 최소한 발이라도 동동 구르며 누구한테 구급 요청이라도 해야 되는 거 아닙니까? 네. 그렇다고 여러분을 그대로 죽으라고 보랐고 있는 건 아니라는 변명이라도 해야겠는데…… 헴! 바로 지금, 이 시간, 한꺼번에 몰아서 할 테니 제발 좀 경청해 주세요…… 그래, 여러분은 그 우편 강도보단 아직 기회가 많이 남았다고 생각되시는가요?"

나는 작심하고 분위기를 겁박했다. 저들은 모두 70대에 들어섰다. (중략)

제2장

과수원에 아침 일찍 일하러 들어간 일꾼과 오후 늦게 일 끝나기 직전에 들어간 일꾼의 품삯을 똑같이 계산해준 후한 주인에 대해 감사하는 쪽은 물론 다 늦어서 온 일꾼일 것이다. 우편 강도처럼. 우리에겐 그 강도보다 아직 며칠, 몇 달, 몇 년……이라도 더 시간이 있다면 그 남은 날을 어떻게 살아야 할지 고민해야 마땅하지 않을까? 늙으면 그냥 주는 밥이나 얻어먹고 죽을 날만 기다려야 하는가. 그동안 못 해봤으니 여행을, 무엇을, 무엇을…… 하겠다고 바삐 돌아가는가 하면, 늙으면 그저 돈이 효자라고 미처 젊어서 못한 봉창질 하느라 정신없는 사람도 있을 것이다.

그래서 이번엔 살벌한 전쟁통에 피어난 또 다른 아름다운 꽃, 스필버그 감독의 영화 〈쉰들러 리스트〉 이야기를 했다. (이 대목은 이 책에 나와 있는 〈그 한 사람〉으로 대신한다.)

우편 강도나 쉰들러의 변화는 우리의 일상적인 상상을 뛰어넘는다. 그들은 누가 봐도 그렇게 변할 수 없는 사람들이었다. 그러나 그들은 변했다. 극에서 극으로. 나는 그것을 인간의 무한한 가능성이요 위대성이라 했다. 성령께선 우리가 순종하기만 하면 누구라도 그렇게 될 수 있도록 도와주신다. 우리는 누구나 하나님께 아쉬운 건 잘도 구하면서도 내가 좀 달리 변할 수 있도록 도와주십사곤 애써 구하지 않는다. 왜, 왜?……

사람은 어려선 부모 덕에, 중년엔 남편(아내) 덕에, 말년엔 자식 덕으로 산다고 한다. 그렇다고 진짜 한평생을 누구, 무엇 덕에 잘 먹고 잘 살았다고 목에 힘을 주는 것으로 보람을 삼는 사람들이 있다. 그렇다면 아무것도 자랑할 것이 없는 사람은 헛살았단 말인가. 특별히 남에게 해악을 끼치며 살아온 삶이 아니라면 누구도 그 삶을 이러쿵저러쿵 판단해선 안 될 것이다. 평범한 진리지만 별스러워도 마지막 웃는 자가 진정한 승리자라는 게 지금 내가 말하고자 하는 포인트이다. 평생 두루 자랑단지만 두들겨 온 사람 중에 오히려 마지막 웃는 자가 되지 못한 경우는 의외로 많다. 평생을 누구, 무엇 덕으로만 살았지 정작 제가 덕을 끼칠 기회를 한 번도 가져보지 못했다면 그는 이미 자생력을 상실했기 때문이다. 여차하면 원망하고 절망할 일만 남았으니 왜 아니겠는가. (하략)

나는 이렇게 마무리했다.
"여러분! 혹시 이런 노래 들어보셨나요?
나의 가는 이 길 끝에서
나는 주님을 보리라……
우리는 장차 천국에서도 함께해야 할 친구들입니다. 아무쪼록 빠른 시일 내에 자다가라도 우편 강도를 떠올리며 꼭 예수님을 만나보시길 부탁드릴게요. 우리를 마지막 웃게 하실 분은 결국 그분이시니까요."

새생활체조

진시황 이전부터도 인간이 장수하고 건강하길 바라지 않은 적이 언제였을까만 그래도 그다지 운동을 장려했다는 소리는 듣지 못했는데 유독 현대인은 건강을 위해선 운동을 첫째로 치는 것 같다. 별의별 운동이란 운동이 총 동원되고 또 어지간히들 열심이다. 창 너머로 보이는 공원엔 아침부터 밤까지 남녀노소를 불문하고 걷기 운동을 하는 사람이 끊이지 않는다. 대단하다.

어린 시절, 운동장을 찌렁찌렁하게 울리는 구령에, 또는 호루라기에 맞춰 했던 국민체조가 나는 재미도 없었고 뭐하는 짓인지 도통 이해할 수 없었는데 그게 국민건강과 직결된 운동이었다니 놀라운 일이다. 그 별것도 아닌 팔, 다리, 허리 운동이 건강운동의 기본 동작이니 말이다.

사람은 실로 가지가지다. 나는 24시간을 의자에 앉아 있어도

전혀 불편하지 않은데 어떤 친구는 잠시만 앉아 있어도 울뚝증이
나서 앉았다 섰다 서성이며 몸살을 하는 걸 보면 참으로 우습다.
그 친구는 내가 신기하단다. 그야 어느 쪽도 치우치는 건 그리 좋
지 않으리란 건 알 만하다. 그래서 병원에 갈 때마다 의사선생님의
똑같은 말. "건강하게 오래 사시려면 운동을 하세요."

그래선지 언제부턴가 내겐 운동을 해야 한다는 강박증이 생
긴 것 같다. 운동을 안 하고도 이리 오래 살았으면서. (웃음)

그런 의미에서 오늘은 내가 개발한 새생활체조를 소개할까
한다. 이것은 누구에게나, 그 어떤 운동보다 단연코 효과가 있으리
라 나는 확신한다. 다만 좀 특이하다면, 국민체조는 구령에 맞춰
하지만 이 체조는 기도와 함께 한다는 점이다.

1. 마음을 풀고

무슨 운동이나 운동 전에 몸풀기 운동부터 하는데, 일리 있지
싶다. 그러니까 맘풀기 운동이 우선이란 말이다. 마음에 응어리를
그대로 둔 채 무슨 선한 일이 진척되겠는가. 제단에 무릎 꿇기 전
에 먼저 형제와 화해하고 오라는 말씀을 음미할 일이다. 용서는 내
가 하는 것이다. 누가 대신해줄 수 없다. 내 문제는 내가 처리하고
하나님의 은총을 기다리는 것이 마땅한 순서다.

2. 가슴을 펴고

"강하고 담대하라"라는 말이 성경에 365번이나 나와 있다는

데 그 숫자가 몹시 상징적이다. 이것은 하나님의 절대적 명령이다. 따라서 우리가 마땅히 지키지 않으면 안 된다. 그렇지 못할 땐 이 악한 세상에서 살아남지 못할 것이기 때문이다. 그런데 가슴을 웅크리고 벌벌 떨면서 어찌 강하고 담대할 수 있겠는가. 기죽지 말고 가슴을 활짝 펴라.—나는 하나님이 사랑하시고 기대하시는 하나님의 자녀다.—그렇게 당당할 때만 마귀가 넘보지 못한다. 그렇다고 이 문제는 그리 간단한 일이 아니다. 만약 그렇듯 쉬운 문제였다면 구태여 365번씩이나 강조하셨겠는가. 명심하라.

자, 1, 2는 별스레도 자기의지의 문제다. 어디서 굴러오거나 저절로 되어질 일이 아니란 말이다. 제 의지를 제가 주장하지 못하면서 핑계를 밖에서 찾는다면 부끄러운 일이다.

3. 허리를 편다

이것은 경제용어로 받기 일쑤다. 맞다. 흔히들 몹시 힘들고 버거울 땐 허리가 휜다고 한다. 이제야 겨우 허리 펴고 살게 되었다고도 한다. 누구나 오매불망 바라고 꿈꾸는 바다.

생명체는 성장하고 발전하는 것이 본분이다. 그것을 못 한다면 이미 생물이 아니다. 야베스의 기도를 원용해 보자. 생명체는 게으르게 앉은 자리에서만 뭉개거나 맴돌아선 안 된다. 부지런하여 지경을 넓혀야 한다는 말이다. 그렇다고 과욕스레 무작정 허우적대라는 말이 아니다. 가난한 자에게 나누어줄 것이 있기 위하여 성심껏 네 손으로 수고하라는 하나님의 지상명령에 순종하는 것이다. 하나님은 자신이 시키신 일엔 반드시 보장하신다.

4. 다리를 뻗다

다리를 뻗는다는 것은 앉든 눕든 비로소 편안해졌다는 의미다. 안심, 안락, 평안…… 다시 말하면 1·2·3의 과정을 잘 감당했다는 결과물로서 하나님의 선물인 것이다. 다시 야베스의 '근심 없는 복'을 빌자. 주님이 약속하신 '세상이 주는 평안과 같지 아니한 평안'을 반드시 받아야 한다. 만약 그저 육체의 편안에만 그친다면 이 체조는 실패한 것이다. 1·2가 자기의지意志의 문제라면 3·4는 주님의지依持의 문제다.

5. 마무리 운동

여기까지 인도하신 주님께 무엇으로 사랑과 감사의 징표를 보일 것인가.

- 사악한 것은 결코 눈 감아주지 않으리라 눈을 비비고
  오직 저 높은 하늘(하나님)만 응시한다.
- 썩은 악취엔 이리저리 고개를 돌려 외면한다.
- 불의를 규탄하지 못한 부끄러운 입을 두들긴다.
  항상 사랑의 말을 하도록 쓰다듬는다.
- 피 흘리는 손을 가장 싫어하시는 주님께 오직 찬양과 영광만 돌리겠노라 손뼉을 친다.
- 다리를 가볍게 두드리며 부디 악을 도모하는 자리엔 동참하지 말도록 타이른다.

• 팔 다리에 힘을 빼고 흔들어 세상 먼지를 턴다.

사람들이 건강을 위해 운동이나 섭생에 치넘하는 것은 좋은 현상이겠으나 대부분이 영양 과다증에 걸려 살빼기운동이 주목적이라니 저 아프리카의 기아 문제를 위한 유니세프의 간절한 호소를 들으면서 왠지 한심하다는 생각이 스친다. 나눔을 외면한 채 아등바등 제 욕심만 붙들고 디룩디룩 비만에 빠지는 게 너무도 당연한 귀결일진대 말이다. 헬스클럽마다 초만원이요 TV에서 뭐가 몸에 좋다고 한 마디만 흘리면 다음 날 시장에 나가면 그 식품은 동이 난다. 오늘 한국만큼 건강 문제로 호들갑을 떠는 나라가 이 지구상에 또 있을까?

지나치게 육체의 욕구에만 민감한 건강 제일주의! 여기서 한 가지 중요한 문제는, 인간의 생체 구조는 다른 동물과 확연하게 다르다는 사실을 간과하고 있다는 점이다. 만약 영·육·혼이 균형을 잃는다면 건강 유지가 그만큼 어렵다는 사실을 말이다.

자, 자동적으로 새생활체조의 필요성이 등장한다. 그대는 진정 오래 살아 좋은 날 보기를 원하는가? 감히 부탁하노니, 그대가 지금 하고있는 운동에 그냥 이 한 가지만 더 첨가하면 안될까, 요?

2부
꿈은 이루어진다

부모도
시효가
　　있나요?

　사회질서를 위해선 형식의 중요성을 아무리 강조해도 모자라겠지만 그러나 형식을 위한 형식 때문에 사람을 불편하게 하는 일이 한두 가지가 아니다. 물론 불편을 감수해야 할 의미가 충분하다면야 마땅히 그래야 하겠지만 특히 공공기관의 형식주의는 아주 사람을 잡는다. 그러다 보니 형식만 갖추면 된다는 발상이 정작 중요한 내용을 그르치는 경우가 다반사다. 매사에 저리도 철저한데 어쩌자고 걸핏하면 대형사고가 빈발하는지…….

　아들이 미국에 가면서 인감과 주민등록증을 내게 맡겼는데 늙은이 티내느라 잘 둔다는 게 그만 아들 주민등록증을 어디다 뒀는지 도무지 기억이 나질 않는 것이다. 날마다 집을 발칵 뒤집어도 나오질 않는다. 새로 산 집의 융자금을 인수해야 하는데 요즘은 주민등록증이 없으면 아무리 인감이 있어도 행사를 못하는 판이니 큰 일이다.

하도 날마다 뒤지다가 그래도 작은 수확 하나를 건졌다. 지금은 작은아들과 함께지만 전에 내가 큰아들과 동거했을 때의 주민등록등본이 나온 것이다.

옳지 싶어 은행에 가서 이자는 내가 넣을 테니 내 계좌로 하자고 제의했으나 관계를 확인할 서류가 있어야 한다는 것이다. 나는 전엣 등본을 내놓으면서 내가 어미라고 설명했더니 이건 오래된 거라서 3개월 이내에 발급된 것이라야 한단다.

나의 양미간 주름이 몰린다. 그야 엄연히 재산은 별산제이니 정확히 해야겠지만 그러나 어떻게든 내가 어미란 걸 확인시켜 주었고 또 내가 아들의 돈을 축낸다면 모를까, 내가 내 돈 들여 내겠다는데 은행으로서야 그리 경계할 이유가 뭐랴 싶으니 좀 짜증스러웠다. 드디어 나는 나도 모르게 맹랑한 쓴 소리 한 마디를 내뱉은 것이다.

"부모도 시효가 있나요?"

야아, 내가 한 말이지만 정말 시원 상쾌, 통쾌한 한방이었다.

담당자의 입술이 일그러진다. 웃자니 민망하고 정색하자니 어색한 듯 어정쩡하게 얼버무렸다.

"그래도 규정이니까……"

또 그놈의 규정. 내가 난감했던 건, 요즘은 그런 서류를 잘 안 떼 봤기 때문에 호적이 있는 구청까지 멀리 갔다 와야 되는 게 아닌가 걱정이 앞서서였다.(천만다행하게도 가까운 동사무소에서 가족관계증명서란 걸 떼준다고 했다.)

나는 뜹뜰한 폼으로 은행 문을 나서면서 문득 습관적으로 희떠운 생각을 떠올리고 있었다.

시효! 그래, 부모자식간에도 분명히 시효가 있기는 있었다. 어렸을 때야 행여 엄마가 없으면 세상 끝나는 양 하던 자식들도 제 짝 찾아 나가면 엄마는 졸지에 액세서리로 변하고 만다. 그래도 아직 살림이 어렵거나 제 자식 키우느라 아쉬울 때까진 엄마는 그런 대로 썩 필요한 존재로 남지만 그러다가 그나마 필요가 없어지면 분명히 시효는 끝나는 것이다.

그런데…… 부모는 아니다. 부모가 관심을 가져주는 것조차 귀찮아지는 자식들인데 어쩌자고 부모는 그 시효를 끝내지 못하고 이리 끙끙거려야 하는 걸까. 불공평의 극치가 딱하기만 하다.

이웃에 사는 둘째가 요즘 자꾸 가까이서 맴도는 게 수상쩍다 싶더니 아니나 다를까! 얼마를 좀 빌려주면 반드시, 꼭 갚을 거란다.

"어허! 거 A·S 시효 지난 거 아녀?"

"딸은 평생이라는데 아들은 중년까지만 합시다이잉—"

"하! 그 정도 넉살이면 이제 늙은 에미 좀 맡아줘도 되겠구면."

“그래 그래. 좋아. 내 다 맡을게. 엄마 다 내가 맡을게.”

“흐응— 건 아니지. 가만! 계산 좀 해보고……”

“아하……”

아들이 유쾌하게, 아니 멋쩍게 웃는다. 피차 동상이몽?

세상에 달라 해도 밉지 않은 게 자식 말고 또 누가 있을까. 영원히 시효도 없으시고 계산도 안 하시는 저 위에 계신 분께 부탁드려야지. 저 녀석들 손 좀 벌리지 않도록 잘 풀리게 해 주십사고….

어느
　　어버이날의
　　　스케치

I

또 늙은 유세.

아무쪼록 두 번도 말고 한 달에 한 번씩만 어버이날이었으면 좋겠다던 친구의 넉살이 유난히 정겨운 날이다.

밤 11시 무렵이 되자 갑자기 전화통이 불이 난다. 늦은 시간인데도 대기중 신호가 계속 울려대는 걸 보면 보나마나 친구들이다.

상대를 확인하면 누가 먼저고 누가 나중이랄 것도 없이 마치 대본이라도 외우듯 용케도 대사가 일치한다.

"어때, 오늘 수금은 잘 했냐?"

"흐응……"

ㅇ자 발음의 콧소리는 예상보다 수입이 짭짤하다는 신호다.

"씨끄러!

이번엔 된시옷 발음이 쌩— 하고 튄다.

"허이구, 잘못했습니다! 헌데 전환 왜? 자랑하려고 아니었어?"

"꼭 약 올려라?"

"약은 누가 올리고 있는데? 딸딸이 모친께서 시방 누구 기 죽이려고 아니었어?"

"에이! 그래도 오늘이야 네가 나보단 낫겠잖어"

오늘이야? 흥! 공식적인 날이니 그래도 딸보단 아들이 더 나을 거란 상식도 이미 구식이다.

"어떻게 넌…… 세상 돌아가는 판세도 모르냐. 제발 구문 말고 신문 좀 봐라. 요즘 세상에 마나님 결재 없이 제 기분 내키는 대로 덥석 잡히는 대로 부모에게 용돈 집어주는 간 큰 아드님도 계시다든?"

"앗차. 그래 그래. 미안, 미안해. 생각해 보니 그래도 너보단 내가 더 낫겠다야. 넌 밥숟갈만 놓으면 도망칠 궁리만 하는 멸치년들뿐이니…… 큰딸년 흉 좀 보려고 했는데 아니다. 나중에 얘기하자. 찰칵!"

아무 말 없어도 딸 없는 설움을 잘도 알아준다. 거 신기하다.(딸 어미들도 제 사위 흉을 본다. 그 녀석 제 어미한텐 그리 잘 안 할 거라면서. 그래도 제 딸은 여느 며느리들과는 다르다는 사족을 덧붙이는 걸 잊지 않는다. 흐응—)

언젠가 모임에서, 시댁이라면 이 갈려서 시금치도 안 먹는다는 요즘 며느리들의 유행어를 처음 듣는지 한창 열 올려 떠드는 친구에게 곁엣 친구가 맞장구를 쳤다.

"지네가 시댁을 위해서 뭐 하는데? 아아니, 평등을 주장하려거든 제대로 하시지. 왜 끼니도 제대로 못 얻어먹으면서 남자만 계속 돈을 벌어와야 되고 집 장만은 또 왜 남자가 해야 하는데? 우리도 그런 얌체 같은 뺀순이 년들 보기 싫어 멸치도 안 먹는다고 그래!"

깔깔…… 모두들 일제히 박수까지 쳐가며 좋아라 했다.

우리도 그런 멸치년인 채로 어버이들을 보냈다.

왜 그랬을까? 좀 더 잘 해드릴 수 있었는데…… 속이 아리다.

"널 효부상을 줘야 하는디……"

하시던 인자한 시어머님의 모습이 떠오른다.

"내가 어쩌다 널 낳아서 이리 기 피고 산다."

며 좋아하시던 친정어머니.

나는 스스로 얼굴이 빨개져서 단호하게 도리질한다.

글쎄, 나는 그 빈 덕담 한 마디 할 줄도 모르면서 걸핏하면 애들 앞에서 속으로 잔뜩 부어있는 자신을 보게 된다.

또 벨 소리.

기분도 그런데 그냥 대꾸를 말아야겠다.

우리가 무슨 염치로 자식들을 흉허물 하겠는가.

아무러면 우리가 자식들에게 우리 부모만큼 했느냐구요오!!

II

올 어버이날은 내게도 우울한 날이었다. 누가 뭐래서가 아니라 떠다니는 멜랑콜리균이 감기처럼 금세 전염이 된 것 같다.

"따르릉—"

또 시작이다. 나도 시방 주체하기 벅찬데 남의 넋두리까지 들어줄 여유가 없는 걸 어쩐다지?

"뭐 하느라 전활 안 받아?"

다짜고짜 시비다.

"이거 봐, 나 지금 파김치거든. 용건만 간단히, 응?"

"얘! 나…… 하하…… 나도 글을 썼다? 글은 뭐 너만 쓰라는 법 있니?"

"그래, 그래. 잘했어. 나 말 시키지 말고 그냥 너 혼자 모놀로그 해라."

"그래. 그럼 읽을께 들어나 봐?"

오늘은 참으로 우울한 날이다.

한 달에 한 번씩만 어버이날이었으면 좋겠다던 때도 어느덧 추억거리가 되어버렸다.

차라리 앞으로 어버이날을 달력에서 빼버렸으면 좋겠다. 열불 내서 어느 자식이 잘하니 잘 못 하니 떠들던 시절도 좋은 세월이었거니 싶으니 말이다.

너무 늙어서 매사 노엽고 고까울 수도 있다. 그러나 과연 모두 내 탓일까? 그럴까?

대충 뭐 그런 내용이었다. 전엔 그렇듯 좋아라라더니 무엇이 그를 저토록 서글프게 했을까?

그러잖아도 가뜩이나 울음이 터질 것 같아 친구를 얼러서 나중에 얘기하자고 전화를 끊었다. 그는 나도 기분이 그리 밝지 않은 듯싶자 조금 위로가 되는지 순순히 응했다.

오늘 내가 우울한 것은 애들과 저녁 식사하러 식당에 가서였다. 사람들이 몇 미터씩 주욱 겹으로 줄을 서 있었는데, 꽤 큰 식당이었지만 마치 무슨 난리라도 만난 듯 아수라장이었다. 우리는 다행히 예약을 해놨기에 겨우 자리는 잡았지만 우리를 자리에 앉혀놓고 간 종업원은 다시 올 줄을 몰랐다.

시간이 한참 흐르자 나는 왜 이렇게 북새통에 묻혀 꼭 밥을 먹어야 하는지 속이 꼬이기 시작한 것이다. 새삼스레 선물이다 용돈이다 요란 떨 것 없이 그냥 하루 한 끼만이라도 부모가 좋아하는 식성따라 한두 가지라도 성의껏 장만해서 집에서 오순도순 먹었으면 얼마나 좋을꼬!

뱃속은 꼬록꼬록한데 한식경이 돼서야 종업원이 와서 한다는 말이, 우리가 주문한 것은 안 되겠단다. 나는 짜증스레 그냥 아무거나 가져오라고 했다. 하도 무료해서 이쪽저쪽 곁엣 사람들을 훔쳐보다가 그만 내 맘 속에 울컥한 된바람이 불어닥치고 만 것이었다.

　물론 날이 날이라서겠지만 꽉 찬 홀 테이블마다 노부모, 또는 부·모가 어김없이 끼어 있었다. 특히 모 혼자 끼어있는 테이블이 많았고 거의가 3대였다. 동병상련일까. 나는 어쩐지 그 그림이 도무지 맘에 들지 않았다. 젊은이와 애들은 열심히 조잘대고 있지만 할머니는 꼭 꾸어다 놓은 보릿자루마냥 뚱— 하고 앉아 있다. 아무리 보아도 품새가 그 즐거워야 될 분위기와 조화롭질 못하다. 눈을 휘둘러보니 얼추 비슷했다. 아! 나는 금방 결론을 보았다. 저들은 틀림없이 모처럼의 나들이인 것이다. 어색하고 부자연스러울 수밖에.

　'흥! 거 자식노릇 한번 하기 되게 쉽네. 일 년에 한두 번 외식이면 자식 잘 둔 셈인가?'

　공연히 나는 심사가 뽀로통해지는 걸 가누기가 힘이 들었다.

　'나쁜 녀석들…… 지네는 새끼들과 걸핏하면 외식을 일삼으면서 에미도 자주 좀 끼워주지……'

　그랬더라면 저렇듯 보기 민망하진 않을 거 아닌가. 그러자 금세 또 한 영상이 오버랩 한다.

　'맞아! 지금 저것도 못 하고 홀로 눈물을 삼키고 있을 부모가 그 얼만데…… 아무렴! 저 정도면 자식 잘 둔 거지. 잘 됐고말고.'

나는 무단히 속이 메슥거려 더 이상 앉아있고 싶지가 않았다.

나는 집에 돌아오면서 앞으로 다시는 그런 날 따라나서지 않으리라 스스로 다짐하고 있었다. 그러게 오기로라도 늙지 말아야 하는 건데…… (웃음)

나는 입버릇처럼 말한다. 설사 똥 싸놓고 뭉개고 있더라도 정신만 총총하다면 제 밥값을 못하고 있는 부모는 단 한 사람도 없다고. 꼭 낳아주고 길러준 지난날의 은공 때문이 아니라도 시방도 부모는 스스로 충분히 밥값을 하고 있다는 말이다. 다시 말하면, 기독교는 '부자전승父子傳承의 축복'의 종교다. 이 세상에 부모만큼 저를 위해 간절하게 복 빌어줄 사람이 또 누가 있단 말인가.

"왜 어버이를 잘 공경해야 하는가"라는 우문에 "성경에 그러라고 했으니까"만큼 현답은 없을 것이다. 성경에 하라고 한 건 무엇이나 그 누구를 위해서가 아니요 바로 나 자신을 위해서니까 말이다.

꿈은
이루어진다

"꿈은 이루어진다"는 2002 한일 월드컵 이후 온 나라에 급속도로 확산된 희망 바이러스다. 이 한 마디를 붙들고 인생의 숨찬 여울목을 자알 헤쳐온 사람이 그 얼마일까 싶으면 고마운 슬로건이 아닐 수 없다. 또 어디까지나 꿈은 꿈이라고 초를 치는 심술쟁이도 없지 않지만 모르는 소리, 꿈은 결코 몽상이나 공상을 이름이 아니다. 꿈은 추구하는 이상理想의 확인이며 꿈을 꾼다는 것은 만물 중 인간만의 특권이다.

꿈이 이루어졌느냐 아니냐의 여부가 꼭 중요한 것은 아니다. 꿈을 지향하고 노력하는 것은 인간이 마땅히 할 일일 뿐, 결과로 그 꿈을 평가하는 것은 온당치 못하다. 왜냐하면 제가 추구하는 꿈을 어느 시점에서 접게(또는 죽게) 될지는 아무도 알 수 없으며 그것이 얼마든지 자신의 소관 밖의 일일 수도 있기 때문이다. 다만 그가 자기 꿈을 얼마나 성실히 추구하고 있었느냐가 바로 가치 그 자체인 것이다.

내가 자란 고향 마을은 소문난 명승지가 아닌 고장 치고는 무척 아름다운 곳이었다. 100호쯤 되는 마을 바로 뒤로 산이 병풍처럼 둘러쳐 있고 마을 앞으론 실개천이 아닌 꽤 큰 맑은 시내가 흘렀다. 면사무소와 주재소가 있고 시냇가에 내가 다닌 초등학교가 있었다. 시내 건너편부터는 넓은 들판이었고 그 가운데로 서울까지 연결되는 신작로가 있어 심심찮게 자동차가 오갔다. 첩첩 두메 산골도 아니면서 아름다운 자연과 문명이 적당히 어우러진 그림 같은 마을이었다.

나는 어렸을 때 아기를 본답시고 조카를 업어다 자운영 밭에 포대기를 깔고 앉혀 놓고는 토끼풀 꽃으로 반지를 만들어 끼고 네 잎 클로버를 찾아 열나게 뒤지거나 아기가 지쳐서 울어뎔 때까지 자운영 밭을 좋아라 뛰어다녔다.

섬사람 가운데 의외로 큰 인물이 나오는 연유는 저 바다 건너 드넓은 뭍은 과연 어떻게 생겼을까 하는 끝없는 동경이 그들을 그렇게 키워낸 거란다. 유대인의 능력이 그 어느 백성보다 놀라운 것은, 만약 하나님이 타종교 교주처럼 실제로 보고 만질 수 있었다면 거기서 그쳤겠지만 볼 수 없고 보이지 않는 무한한 능력의 하나님에 대한 상상의 날개가 한계의 제약을 받지 않았기 때문에 그들의 잠재력을 최대한 발휘할 수 있었던 거라고 설명하는 이가 있다.

그런데 어렸을 때의 내겐 이상하게도 드넓은 바깥 세상에 대한 동경은커녕 관심도 별로 없었던 것 같다. 나는 그보다 내가 사는 곳의 이 아름다움을 바깥사람들이 좀 알아줬으면 하는 생각이 더 절실했다. 물론 다른 좋은 데를 가본 적이 없으니 어디에 비교할 수는 없었지만 나는 어린 마음에도 다른 이웃 마을보다 너무도 아름다운 내 고장의 정취에 그만 흠뻑 취해 살았다.

'이 좋은 마을을 내가 꼭 빛내리라.'

그것이 바로 꿈이란 걸 깨닫게 된 것은 초등학교 고학년이 되어가면서였다.

그랬다. 그 아름다운 마을에 꿈 꾸는 두 소녀가 있었다. 여자는 가르쳐야 쓸데없다며 소학교도 안 보내는 시류를 깨고 하나는 광주로 하나는 목포로 겁도 없이 유학을 나갔다. 하나는 노래를 썩 잘했고 하나는 공부를 아주 잘했다. 노래를 잘한 소녀는 일본에서 살다 왔고 공부를 잘한 소녀는 아직 읍내도 한 번 나가본 적이 없었다.

두 소녀는 6·25를 겪으면서 오래고 고단한 객지 생활에 몹시 지쳐 있었다. 한 소녀는 아예 꿈을 접고 일찍 결혼을 해버렸지만 미련하게도 한 소녀는 평생을 두고 그 꿈속을 헤매고 있다.

나는 요즘 가끔 TV에서 한 소프라노의 노래를 듣게 될 때마다 눈가에 이슬이 맺히곤 한다. 그녀는 쥴리아드 출신으로 세계적인 성악가다. 그녀는 나를 잘 모르지만 나는 그녀가 그렇게도 사랑스럽다. 그녀는 바로 노래를 잘 했던 그 소녀의 딸이다.

"그래, 친구야! 넌 결국 확실하게 꿈을 이뤘구나……"

역시 공부를 잘했던 소녀의 아들 셋은 모두 서울대학을 나왔고 누가 보아도 흐뭇하기 그지없지만 어쩐지 그에겐 노래 잘한 친구만큼의 보상만족도 없는 듯하다. 하긴 그는 아직도 아련한 제 꿈길을 하염없이 걷고있는 탓일는지 모르겠다. 시냇가 초등학교 뒤에 그가 세운 높은 예배당 하나로 겨우 그의 꿈의 끝이 되어선 안 될 테니까.

나는 이것을 쓰기 시작하면서부터 내내 걷잡을 수 없이 흘러내리는 눈물을 훔쳐내고 있다. 근래 드물게 한번 실컷 울어본 것 같다. 그런데 나는 지금 왜, 무엇 때문에 이렇게 울고 있는 것일까?

자, 앞에 호언한 자신의 논리대로라면 결코 딴 소리를 해선 안 되겠지. 그저 어린 시절의 그리움 탓이라고 해두자. 너무 아름다웠던 마을 정경만큼이나 아름다웠던 두 소녀의 꿈이 시방도 활활 타오르고 있는 거라고—.

유유상종

　강남 교보 사거리 조금 못 미쳐 논현동 언덕배기에 내 사무실
이 있다. 어느 날 오후, 나는 친구와 사무실 앞에서 택시를 탔다.
목적지는 논현역 부근이었다.
　택시 문을 닫고 앞을 보니 저 사거리까지 주욱 거리는 완전히
주차장이었고 차는 옴짝달싹도 못했다.
　'이거 야단났네.'
　와락 답답증이 들었다. 이윽고
　"골목으로 들어가뿌러!"
　뒤에서 친구가 조바심 난 소리로 채근했다.
　우리 사무실 바로 옆으로 경사진 길을 내려가면 논현시장이
고 조금 더 가면 논현역이라 걸어가도 그리 먼 거리는 아니었으나
기왕 차를 탔는데야.

차가 조금 움직이자 뒤에서 또

"오른쪽으로 틀어뿌러! 틀어뿌러!"

했다. 기사가

"틀어뿌러?"

하며 핸들을 오른쪽으로 확 꺾었다. "틀어뿌러?" 하며 화답하는 걸로 미루어 전라도 사투리를 알 만한 사람이라는 모션이었다.

핸들을 꺾던 기사가 입을 크게 딱 벌렸다.

"워어매! 깔끄막(비탈)인디?"

그 기사의 모션이 어찌나 코믹하던지 친구와 나는 배꼽을 쥐었다. 내가 거들었다.

"저 짝(쪽)은 딸각다리(층층대)여—"

이번엔 셋이서 데굴데굴 굴렀다. 차는 언덕을 구르고 우리는 차 안에서 굴렀다.

차가 평지로 내려서자 나는 계속했다.

"그짝도 남쪽 같은디 어디랑가?"

"나? 구례여라우."

뒤에서 친구가 또 맞장구쳤다.

"그리으찌 한 것 같소. 반갑소."

코미디 총 출동이었다. 차 브레이크는 이상 없는데 우리의 웃음은 아무리 진정하려 해도 도무지 브레이크가 듣질 않았다. 실로 오랜만에 나는 눈물을 찔끔거리며 한번 실컷 웃어본 것 같다. 따지고 보면 별것도 아닌데 왜, 뭣 때문에 우리는 그렇듯 좋아라 웃어댔을까?

뭉클한 고향 냄새― 그것은 향수鄕愁였다. 그리고 그 찔끔거리는 눈물은 우스워서가 아니요 그리움이었다. 나는 가끔 부부가 동향이라는 것만으로 문득 문득 행복감을 느낄 때가 많았다. 타지역 사람은 어떻게 먹는 줄도 모르는 별난 음식을 우리는 똑같이 맛있게 먹으며 때론 똑같이 먹고 싶어 찾아다니기도 한다.

나는 또 버릇처럼 이해한다는 것, 통한다는 것은 과연 어떤 의미일까를 더듬어 본다.

흔히 친하다는 말을 나는 이렇게 정의한다. 제가 뭔가를 잘했을 때 길게 자랑과 생색을 늘어놓는다거나 실수했을 때 긴 변명을 늘어놔야 된다면 그 사이는 별로 친한 사이가 아니다. 눈만 찡긋 해도, 입술만 샐룩 해도 그 좋아하는, 또 무안해 하는 마음을 알아차려주는 게 친한 사이라는 말이다.

통한다는 것은 꼭 긴 설명이 필요한 것은 아니다. 잠시지만 앞에 우리가 즐거웠던 것은 그냥 부지불식간에 서로가 같은 마음이 되었기 때문일 것이다. 그런데 같은 나라 같은 백성에 아주 쉬운 한국말인데도 도무지 말귀를 못 알아듣는 벽창호들이 의외로 많다는 게 사람을 우울하게 한다. 차라리 외국 사람이라면 손짓 발짓으로라도 소통이 되는데 그것도 가까운 사이라면서 가슴 칠 일이 어디 한두 가지라야 말이지. 아니, 요즘은 한 가족끼리도 따로 국밥으로 노는 세상이니 말해 무엇하랴. 특히 시어미와 며느리는 영원한 평행선이다. 차라리 아프리카 쿤타킨테라면 어떻게 춤이라도 맞춰보지, 요즘 아이들 어떤 축은 진짜 속수무책이다. 30년 이상을 뭘 보고 뭘 배웠는지 신기할 정도다.

어느 연속극에서. 상식 이하의 마뜩찮은 며느리 때문에 머리 싸매고 있는 아내를 위로하는 남편의 말.

"끓일 것 없다구. 어떤 여자를 데리고 오느냐 보면 그게 바로 내 아들의 수준이야."

하! 속으로 나는 박수를 쳤다. 정말 명언이었다.

대부분의 부모들은 말한다. 자기 아이가 친구를 잘못 사귀어 엇나갔다고. 제 아이 때문에 남의 아이가 그리 되었다곤 아무도 인정하려 들지 않는다. 시방 제 아들이 저 상식 이하의 며느리 짓이 잘못이란 느낌도 없이 아무렇지 않게 잘 살고 있지 않은가. 그런데 가만! 그렇다면 아들을 그렇게밖에 못 키운 내 탓이요 그게 내 수준이어야 하지 않겠는가. 당연한 논리의 귀결인데도 어째 그리 상큼하지 못하다. 자꾸만 그건 만부당하다는 억울한 생각이 머리를 든다.

그래서 18번 나의 지론, 사람은 결국 저 생긴 대로 사는 수밖에 없다고. 이해하려고 끙끙거릴 것도, 이해 안 해 준다고 끌탕할 것도 없다. 그러니 그냥 피차 유유상종하도록 둬 두자는 것이다. '교육'의 수고를 외면하는 것 같아 안됐지만 헛수고로 허송하기엔 짧은 인생이 너무 아깝지 않은가.

　　예수님도 결국 따로 묘방이 없으셔서 그저 무조건 사랑하라고 처방하신 것 아니셨을까? (웃음)

유청산

有靑山

과연 인생 도처에 유청산이었다.

2010년 3월, 법정 스님의 열반 이후 하도 세상이 떠들썩해서야 나는 그분에게 관심을 갖게 되었다. 그동안 내가 그분에 대해 너무 무지했다 싶으니 왠지 미안하고 죄송하다는 생각을 떨칠 수 없었다. 내가 왜 그런 생각을 하게 됐는지 정직하게 말하면 아마 사람들은 웃을 것이다. 그제서야 알게 된 사실로써 그분과 나는 거의 같은 시기(3년 차이)에 태어난 동향인(해남)이요, 그 여러 도시 중 하필 같은 도시 목포에서 유학한 사람들이었다. 그런데 그 훌륭한 분을 나는 왜 까맣게 모르고 있었을까. 아무리 종교가 다른 탓이더라도 그것은 말이 안되지 싶었다.

법정의 글이 절판되고 난 후에야 나는 부랴부랴 수소문하여 그분의 책 몇 권을 내리 읽어보았다. 우선 나는 그분의 글이 너무도 유려한 데 그만 질려버렸다. 물론 그러한 사상과 삶이 아니었다면 어찌 그런 글이 나왔을까만 그분은 문필가로서도 가히 손색없는 대가였다. 그런데 그분의 성격과 취향이 어쩌면 그다지도 나와 똑 닮은 데가 있는지 나는 좀 어리벙벙했다. 때론 미운 오리새끼처럼 어디에도 동화되지 못해 외로웠던 자신이 모처럼 동류를 만난 듯 후유— 나는 시원한 한숨으로 답답한 가슴을 쓸어내렸다.

내가 법정에게 신나서 박수치는 두어 대목만 여기 들어본다.

언젠가 법정이 모 출판사에 와서 왜 인세를 제때 주지 않는 거냐고 호통(?)을 쳤단다.

직원이 속으로 콧방귀를 뀌었겠다.

'무슨 놈의 중이 저리 돈을 밝혀?'

아마 대부분의 사람들이 그 직원의 코웃음에 가볍게 동의할 듯싶은 이 세태를 나는 지금 도마 위에 올리고자 한다.

책이 출간되면 인세는 언제쯤 나가는 것으로 이미 약정되어 있다. 설사 그날이 어제였는데 성급하게 그 새를 못 참고 오늘 와서 채근했더라도 직원의 반응은 만부당하다. 작가가 직접 출판사에 와서 인세 운운하도록 했다는 그 자체가 어불성설이란 말이다.

돈이란 시를 다투어 계획되어질 수도 있다. 한 푼도 자기 몸에 붙이지 않을 무소유의 대명사가 짜증(?)을 냈다면 인세 나갈 날짜가 결코 어제는 아니었을 것이다. 아니, 설사 그 돈을 그대로 장롱 속에 넣어두어야 할 것이라도 나가야 할 날에 반드시 나가야 하는

것이 돈이요 약속이다. 며칠 또는 얼마'쯤이야' 하는 것이 대범이
요 아량이라고 제멋대로 한껏 후한 척하는 사람들을 나는 전혀 신
뢰하지 않는다. 물론 때로 돈이란, 돈이기에, 사람의 마음대로 잘
안 될 수도 있다. 그렇다면 미리 사정을 알려서 최소한 당사자를
낭패케 하지 않는 것이 상식이요 예의가 아니겠는가. 그분의 글을
출간할 출판사라면 당연히 그럴 법도 한데 오늘 세상이 이렇듯 뻔
뻔스러움이 일반화됐다는 것이 지금 문제라는 말이다.

이 복잡한 세상에 그럴 수도 있지? 지나치게 까슬하다고 이번
엔 터놓고 흉볼 차례다. 그리고 사람들은 어찌나 관대하던지 거의
가 '그럴 수도 있지' 편이다. 물론 그럴 수도 있고말고. 그러나 그 말
은 그렇게 아무나 쉽게 내뱉어선 안 될 말이다. 그런 식이라면 세
상에 그럴 수 없는 일이란 아무것도 없다. 그런데 더욱 웃기는 것
은, 그런 사람일수록 제가 같은 입장이 되면 전혀 그럴 수 없다는
점이다.

전에 내가 쓴 글에 "말에도 임자 있다"라는 것이 있다. 세상의
많은 어지러운 문제들은 거의가 말이 제 임자를 못 만나 떠돌아다
니는 걸 아무나 함부로 끌어쓰기 때문이라고. "그럴 수도 있지"는
어쩌다 본의 아니게 자신이 가해자가 됐을 때 미안하고 죄송해서
절절 매고 있는 것을 피해자가 위로의 말로 하는 것이어야 한다.
그런데 오늘날 가해자가 피해자에게 장한 양 떵떵거리는 걸로 둔
갑해 있으니 그래도 되느냔 것이다. 아무리 좋은 말이라도 말은 임

자가 맞아야 비로소 말이 된다.

아량과 관대의 참뜻을 모르는 무식한 사례 또 하나.

법정이 사후 자신의 글을 모두 절판하라고 유언한 것에 대해 누군가 이렇게 말한 것을 읽은 적이 있다.

그분은 소박하고 도량이 넓은 분은 아니라는 생각이 든다. 차라리 그것을 더 많은 사람들에게 읽혀서 사람들의 삶을 바꾸도록 한다거나 그 수익을 더 많은 약자를 돕는 데 쓰는 것이 평소 그분의 지론에 더 맞지 책을 절판하라니, 그것은 고도의 이기주의적인 명예욕의 다른 얼굴이 아니냐고—. 얼핏 논리적으로 사람들의 공감을 이끌어낼 만큼 썩 그럴싸하다. 그러나 위 말은 내가 내 식으로 다듬은 표현이요, 실상 원문은 여기 차마 옮길 수 없을 만큼 아주 작심하고 나선 듯 유치찬란하고 저질스런 폄하였다. 그것이 그의 미숙한 인격 탓이건 문장력 부족이건 어쨌든 사람의 울화통을 있는 대로 휘저어 놓는 재주꾼(?)이었다.

역사적으로 비슷한 사건이 또 있었다. 막달라 마리아가 삼백 데나리온 이상의 비싼 나드 향유를 옥합을 깨트려 예수님 발에 붓자 가롯 유다가 똑같은 말을 했다. 그런데 유다가 그토록 가난한 자들을 위한 사랑이 충만한 사람이었던가. 예수님은 또 어떤 분이신데 마리아의 그런 행동을 그대로 용인하셨는지, 저들이 과연 그분들의 깊은 심중을 가늠이라도 할 만한 주제들이난 말이다.

법정이 자신의 작품의 절판을 당부하면서 했다는 말은 그분의 그 어떤 말보다도 내 가슴을 아리게 했다.

"나는 너무 말을 많이 한 것 같다."

그분은 생을 정리하는 마당에 자신의 한계가 몹시 안타까웠을 것이다. 그동안 수십 권의 책과 강연, 설법 등 숱한 기회마다 기대가 없지 않았겠지만 과연 자신이 세상을 얼마만큼 바꿀 수 있었단 말인가.

물론 모르는 것은 가르쳐야겠지만 사람이 누구나 진리 안에 살지 못하는 것은 비단 몰라서가 아니었다. 사람이 바르게 살지 못하는 것은 몰라서 못 사는 게 아니요 그렇게 안 사니까 못 사는 것이다. 그러니 어쩌면 공연히 떠들었다는 회한이 들었을지도 모른다. 아! 나는 부질없이 너무 말을 많이 했구나…….

우리 기독교 논리대로 그분은 정녕 피조물이 제 힘으로 세상을 어떻게 할 수 있는 것이 못 된다는 걸 새삼 통감한 게 아니었을까?

유쾌한
　　독자

I

어느덧 격세지감이 드는 호랑이 담배 먹던 시절의 얘기처럼 들린다. 그러니까 90년대 들어서 예장 통합 측의 여성 안수 법 개정 문제가 본격적으로 옥신각신하는 것과 맞물려 장신대 출신 여전도사들의 '여성 안수 모임'도 꿈틀거릴 무렵이었다.

나는 내 사무실을 내주고 고문 격으로 그네들을 격려하기로 했다. 나는 당시 조직에 간여하지 않았기 때문에 우선 따로 나 혼자서 할 수 있는 일부터 말 그대로 실로 고군분투하고 있었는데 여성 안수 모임 쪽도 그리 활발하질 못했었다.

나는 그녀들을 만날 때마다 자극했다. 왜 그렇게 미온적이고 소극적이냐. 누가 너네 일을 대신 싸워 밥상 차려줄 줄 아느냐…….

어느 날, 마침하고 총회가 다가오는데 한 임원이 말하는 것이었다. 여전도회 연합회 어르신들께서 왈, 너무 강하게 나가다 남성들 비위를 건드리면 오히려 역효과니 한 박자 늦추란다나.

나는 소리를 버럭 질렀다. 그 따위 말 듣지도 말아! 지네 남편들 체면 깎힐까봐 하는 수작들이야. 흥! 가죽은 욕심나는데 호랑이는 무섭다? 누가 뭘 때려 부수래? 피켓 들고 거품 물고 거리로 나서래? 이거 왜들 이래! 때를 얻든지 못 얻든지는 전도 표어만이 아니라구. 차라리 가만있으면 중中이나 가지. 하필 이 시점에 한다는 짓들이 고작 남의 일에 찬물이나 끼얹다니…….

여성 안수 모임 쪽에서도 속이 탔던지 어느 날, 우리 얘기하는 시간을 좀 가져보잔다고 전해왔다.

드디어 그날, 나는 정말 속으로 발을 동동 구르며 안타까운 질타성 호소를 했던 것으로 기억한다. 주제는 바울이 디모데에게 한 말, "너를 업신여기지 못하게 하라"였다.

니들 참 염치 한번 좋아 응? 무조건 지금 안수 주면 어쩔 건데? 난 당장 안수 줄까봐 되레 겁난다야. 거 봐라. 꼴 조오타… 남자들이 얼마나 비웃겠어? …… 왜 준비들을 안 해애! 우리 아들 그러는데 여자들 아직 멀었대. 니들 하나같이 편할 대로 앞 다퉈 유치부나 유아부만 맡으려 한다며? 왜 당당하게 고등부, 대학부, 청년부 달라고 요구하지 못해?… 목사 이름만 주면 목사가 되나? 목사 '노릇'을 할 수 있어야지. 제가 제 자신에게도 그리 자신이 없으

166

면서 목사는 무슨… 세상에 절로 되는 게 어딨어? 난 대책없는 여자들 젤 싫더라. 적당히 어디 빌붙어 실속이나 챙기려는 기생寄生 근성 등등……

그날 마무리 기도가 끝나고 모두들 편한 자세로 돌아오기도 전에 한 여전도사가 조용한 소리로

"권사님!"

한참 동안 나를 그렇게 치올려다 보고 있었다.

"……?"

"우리 엄마도 권사에요. 우리 할머니도 권사님이세요."

불시에 일어난 일이라 나는 선뜻 감을 잡지 못하고 어리둥절해 있었다.

"우리 교회에도 권사님들 많아요."

그녀는 눈빛도 목소리도 왠지 멍—한 채 맥이 없었다.

"……그래서?"

뭐라고 대꾸는 해야겠는데 뭐라겠는가. 내가 꽤 빠른 사람이지만 나는 정말 그 때까지도 상대가 무슨 말을 하려는 것인지 종잡지를 못했다.

한참을 또 그대로 나를 치올려다 보고 있던 그녀가 말했다. 여전히 매카리 없는 소리로

"똑같은 권사인데 어쩌면 그렇게도 달라요?"

순간, 나는 아찔하면서 온몸에 전율 같은 게 스치고 지나갔

다. 민망하고 어색해서 몸 둘 바를 몰랐다. 그녀가 시방 무슨 말을 하고 있는지 그제서야 비로소 간파했기 때문이다.

"그야…… 본래…… 사람은 다 다르니까……"

나는 지금 나의 대꾸가 말이 되는 말인지 아닌지도 분간할 수 없었다.

'주님, 감사합니다……'

나는 나의 자극에 그녀가 그렇게 반응(감동)해준 게 얼마나 귀하고 고마운지 몰랐다.

나는 지금 그때 그녀의 그 넋 나간 듯한 멍—한 표정을 그립게 떠올리고 있다. 그녀는 그 후 미국으로 유학을 갔다고 들었으나 그 이후의 동정은 잘 모른다.

아무쪼록 주께서 각별히 지켜주사 크게 영광 받으시길 빌고 싶다.

II

예장 통합측 77차 총회 직전, 기독공보와 장로회 신문에 여성 안수 문제에 대해 총대들께 보내는 글 〈일어나 함께 가자〉를 전면 광고로 내보낸 후였다. 아는 분을 통해 교계 신문 모 여기자가 나를 좀 만나고 싶어 한다고 전해왔다.

나는 책을 낼 때마다 친구들이 자기네 교회 교인들께 주고 싶다고 해서 몇 권씩 주면서 꼭 당부하는 말이 있다.

• 읽지도 않을 사람에게 그저 친하다는 이유만으로 아무한테
  나 주지 말 것.
• 안단이 박사처럼 모르는 것이 없는 똑똑한 사람이라고 수
  준 있다고 믿지 말 것.(그것은 사회성이나 정보력이지 한 줄의 글
  을 소화하는 데는 그만큼 지적 능력을 필요로 하기 때문이다.)
• 반드시 진지하게, 깊이 생각하며 읽어줄 사람에게 줄 것.

나는 사람들이 칭그럽게도 책을 읽지 않는다는 데 놀란다. 신
문이라도 구석구석 찾아 읽을 정도면 수준급이다. 사람이 책을 받
았으면 최소한 한 페이지라도 읽고 알은 체를 좀 해줘야 예의가 아
닐는지! 재미있게 읽었다는 정도면 썩 상류 고객이다.
'재미있으라고 한 말 아닌데……'
갑자기 쓸쓸함이 엄습한다. 어쩌라고…… (웃음)
그런데 참으로 기분 좋은 독자를 만난 것이다. 그 여기자는 처
음부터 아주 터놓고 스스로를 썩 엘리트 연然하는 사람이었다. 나
를 노골적으로 위아래를 훑어보며 혼자서 고개를 갸웃갸웃 알 수
없다는 표정이었다.
소개한 사람이 나를 그냥 주부라고 했을 터, 그럼 다르게 뭐
라 설명하겠는가. 그러나 그녀에겐 내가 결코 그런 사람이어선 안
된다. 왜냐하면 그래선 자신의 의문이 풀리지 않을 테니까.
한참 만에 그녀가 드디어 입을 열었다.

"혹시 신학을 하셨어요?"

내가 신학을 하지 않았다는 것쯤은 이미 들었을 텐데 바로 스무고개 신문이 시작된 것이다.

"아아뇨."

'정말 못 봐 주겠네. 나도 저 같은 애송일 상대할 군번은 아니구먼.'

나도 덩달아 똑같이 건방을 떨고 있었다. 연신 고개만 갸웃거리고 있는 그녀를 한 대 쥐어박아 주고도 싶었다.

나는 그녀가 무슨 말을 하고 있는지 물론 모르지 않았다. 초대교회의 일곱 집사 피택 사례에서 히브리파를 제외시킨 데 대한 나름대로의 나의 논지가 일개 평신도로서는 겁 없는 해석이어서 좀 의외였을 테니 말이다. 틀림없이 누군가 뒤에서 봐 주고 있을 거란 넘겨짚는 속셈이 역력했다.

나는 짐짓 답답해하고 있는 그녀를 모른 척 딴청을 부리며 분위기를 즐기고 있었다.

한참을 그대로 선 채로 서성이던 그녀가 더 이상 못 참겠다는 듯 신음처럼 토해냈다. 혼잣말로

"어떻게 아가서를 빼서 거기다 꽂았지?"

과연! 그녀는 건방을 떨 만했다. 나도 놀랐다. '빼서' '꽂았지'는 결코 아무나 할 수 있는 그런 표현이 아니었다.

"아, 그거……"

나는 갑자기 얼굴이 환해졌다. 그녀의 맛스런 표현이 나로 신경전을 끝내게 했다. 그녀는 지금 문장 구성상의 클라이맥스 이펙트를 얘기하고 있었다.

나는 싱긋이 웃었다. 진가眞價를 알아보는 사람을 나도 알아주기로 했다.

"전에 내가……"

갑자기 친절하고 격의 없는 정겨운 나의 말투였다. 조그맣게 속삭이듯

"……희곡 공부를 쬐끔 했거든요."

내 말이 채 떨어지기도 전에

"아!"

입을 딱 벌린 그녀는 동시에 두 손바닥을 가볍게 쳤다. 그제야 비로소 '그러면 그렇지……' 하는 편안한 자세로 돌아왔다.

우리는 꿰뚫으려는 창과 막고 찍으려는 방패를 내려놓고 오래전부터 잘 알아온 사람들처럼 서로 한참 동안을 그렇게 다정한 미소를 나누고 있었다.

바른 말
　고운 말

전엣 글에도 같은 얘기를 언급한 적이 있지만, 내가 어렸을 때
가장 이해할 수 없었던 것은 왜 같은 날 같은 시에 같은 선생 밑에
서 똑같이 배웠는데 그것을 누구는 알고 누구는 모를까 하는 것이
었다. 아마 시간 중에 해찰을 부리느라 잘못 들은 탓이거니 여겼
는데 어느 날 남은 공부 시간에 선생님이 직접 붙잡고 가르치시는
데도 전혀 모르는 것 같았고 나는 그게 신기하기까지 했다. 그러나
그 후 그것은 전혀 신기할 것도 놀랄 것도 아니란 사실을 알게 되
면서 나는 어른이 되어갔다. 그런데 지금도 가끔 아무리 이해심을
총동원해도 고개가 갸웃해질 때가 있다.

어느 해 명절 무렵 택배 하나가 배달되었다. 수취인은 '새동해
개버빈'(世東會計法人) 아무개로 되어 있었다. 당연히 이름자도 틀
렸지만 위에서 맞는 자는 '동' 자 한 자뿐이었다. 아마 누군가 전화

로 불러준 대로 적은 모양이었다. 어쩌면 나이 든 상인이거나 배달원일 수도 있겠지만 하도 어이가 없다보니 왠지 짠한 마음뿐이었다. 요즘 세상에도 저런 사람은 얼마든지 있겠구나 싶었다.

그런데 여기 참으로 재미있는 일이 있었다. 회갑 기념으로 내 책이 출간되고 출판기념회 날이었다. 내 책을 낸 출판사에서 직원들이 성경 한 권을 선물로 들고 왔었다. 증정란에 "김유힘 권사님의 회갑을 축하드립니다"라고 쓰여있었다. 아주 단정하게 잘 쓴 글씨였다. 웃지 못할 사연은, 나는 그 '유힘'이란 단어에서 골똘히 어떤 의미를 찾고 있었던 것이다. 그것이 오자誤字라고 전혀 의심하지도 않은 것은 글쎄, 그들이 다름 아닌 내 책을 낸 출판사의 직원들인데야.

'유힘! 엘로 힘에서 본 딴 건가? 유有힘? 힘이 있으라인가?'

꿈보다 해몽이 더 그럴싸했다. 한참 머리가 복잡했으나 좋게만 생각하느라 전혀 다른 쪽으론 생각해 보질 않았다.

아무래도 궁금해서 나중에 그들에게 물었다. '유힘'이 무슨 뜻이냐고. 그런데 대답 한번 걸작이었다.

"어머, 그래요? 저런……"

자기넨 서점에서 분명히 "김유심 권사님의……"라고 불러주며 적어달라 하고 그냥 싸주는 대로 가져왔단다. 정말 무성의하기 짝이 없는 불유쾌한 처사였지만 그들도 그런 결과는 상상도 못했을 것이었다. 다 좋다. 하지만 전의 택배 때와는 전혀 다른 이 언짢은 감정의 정체는 과연 무엇이란 말인가. 그것을 써준 사람이 서점 주인인지 점원인지 알 바 없었지만 어쨌든 서점에서 밥 벌어 먹고 사는 사람이라면 그 정도여선 안 되지. 차라리 또녜, 끝순이 같은 이름이야 말이라도 되지만 한국 사람의 이름으로 '힘'이란 글자가 어디 말이 되는가. 그러니 히브리어인줄 알 밖에.

이렇듯 분명히 그것이 미스(과오)인데도 그 대상이 누구냐에 따라 사람은 때로 필요 이상으로 의미를 부여하기도 한다. 가령, 뭔지도 모르고 전혀 재미도 없는 그림 앞에서 단지 그것이 피카소의 작품이란 이유 하나만으로 사람들은 그 안에서 무엇인가를 찾아 느껴보려고 애쓰는 공통점이 있다.

오래 전, 모 대학교 입학시험에서 '사람의 손가락이 몇 개인가?' 라는 문제가 있었다. 대부분의 학생이 당연히 10개라고 적었지만 답을 못 쓴 학생이 몇 있었다. 그런데 이상한 건 그들이 하나같이 성적이 썩 우수한 학생들이었다는 점이다.

선생은 어느 날 그들을 교무실로 불러 그 이유를 물었다. 그들의 대답은 비슷했다.

'초등학교도 아니요 그래도 대학 입학시험인데 왜 그런 문제를 냈을까?'

필시 함정이 아니라면 다른 뜻이 있을 거라 생각하다가 그냥 그대로 내고 말았노라는 것이었다.

무엇이나 인생사 온전하고 완벽한 답은 없다. 살아가면서 나름대로 터득할 뿐이지만 나는 지금 위와 같은 경우, 답을 못 쓴 쪽이 훨씬 '상식적'이란 말을 하고 싶은 것이다. 그들이 결코 부정적으로 앞지른 게 아니라 상황에 맞춰서 생각이 따라줘야 하는 게 상식이잖겠느냐고.

요즘은 인터넷 시대라 오만가지 정보가 컴퓨터에 떠오르니 쉽게 아는 척하긴 좋겠지만 그러다 큰 코 다칠라. 누군가의 어쭙잖은 촌평을 가지고 호들갑 떨지 말고 뭔가 와 닿는 것이 있거든 백방으로 더 찾아보라고 누구에게나 권하고 싶다. 말은 반드시 사전(백과사전까지)쯤은 찾아보는 것이 기본이요, 할 수만 있다면 그 발원의 원문을 읽어 보고서야 이러쿵저러쿵 해야 할 것이다. 늘 하는 말이지만, 많은 걸 아는 척한다고 유식해 보이는 경우는 드물어도 어휘가 정확하지 못할 때의 그 무식티(?)는 참으로 치명적이다.

젊은 날 어느 교수님의 얘기가 지금도 귓가에 생생하다. 그는 동경 유학생에 누구나 다 아는 시인인데 어느 날 묘령의 여인으로부터 사랑의 편지 한 통을 받았다. 당신은 나의 가장 '以上的' 남성상이라는 고백이었다.

'하! 퍽도 이상적이겠다.'

그때 그는 그 편지를 집어던지곤 다시는 그 여자를 만나지 않았단다. 웃기는 그분의 말,

"그렇게 머리가 텅 빈 여잔…… 난 아니거든. 글쎄, 어쩌자고 하필이면 그럴 때 구태여 잘 알지도 못한 한문을 쓰느냐고오. 그

냥 생긴 대로 살 것이지."

그러게. 자기는 그걸 맞다고 썼을 터이니 무슨 죄랴만 그러나 가뜩이나 호감을 가지고 기대하는 이에게 찬물을 끼얹은 죄도 죄가 아니랄 순 없겠다. 그러니까 사람은 때로 섣부른 자기 자랑이 자칫 못 난 밑천 자랑이 되고 만다는 걸 주의할 일이다.

어지간히 –척 하는 친구가 있는데, 하루는 낯선 사람과 나타나 자기와 무척 '막연한' 사이라고 소개하는 것이었다. 누구나 그 분위기로 그것이 친하다는 말이란 걸 못 알아듣는 사람은 없었다. 이런 실수쯤이야 어디서나 흔한 일이다. 그런데 또 어느 날 친구들 모임에서 뭘 추진하는 일을 "그래서 우리에게 돌아오는 '반대국부'가 뭐냐"고 따졌다. 야, 이거 민망해서 원. 아무리 국문학 전공이 아니라도 최고학부까지 나온 사람으로서야 체면이 말이 아니었다.(참고/ 막연한 → 막역한   반대국부 → 반대급부)

각설하고,

어휘를 정확히 구사해야 한다는 말은 비단 무식을 책잡히지 말자 해서만이 아니다. 말은 곧 발언자 자신이다. 내 입에서 나간 말은 언제든 내가 책임을 져야 하기 때문에 정확하지 않으면 안 된다는 것이다.

시인은 사전에 없는 말도 잘 만들어낸다. 아무리 이해할 수 없어도 말이 안 된다고 누가 따지는 사람도 없다. 신조어가 세상을 한동안 흔들어 놓기도 한다. 그렇다고 언어체계가 잘못되는 것도 아니다. 영원히 인간이 변함없듯이 말도 진리로써 영존한다.

말은 어린애가 어려서 얼마 동안만 배우면 되는 것이 아니다. 누구나 사는 동안 끊임없이 말을 배우며 또 가꾸어가고 있다. 그래서 말은 곧 그 사람의 인격이며 삶인 것이다. 거듭 강조하거니와 '바른 말 고운 말'은 그냥 맞춤법 강의가 아니다. 바른 언어의 선택은 곧 바른 삶의 선택을 의미한다. 만약 바른 말 고운 말이 끝까지 나를 지켜줄 수만 있다면 그것은 더없이 큰 축복일 것이다. 바른 말 고운 말은 그 자체가 이미 생명의 원천이니까.

묻는다. 말씀으로 천지를 창조하시고 오늘도 말씀으로 세상을 주관하고 계시는 하나님과 당신은 지금 무엇으로 교통하고 있는가? 장차 말씀으로 심판하실 그날 당신은 무엇으로 어떻게 변론할 것인가?

예의는
사랑의
옷

흔히 소탐대실小貪大失이란 말을 하지만 이런 경우 꼭 그렇다기보단 조그만 부주의로 그만 바닥을 드러내 보인 경우랄까. 오늘은 6,700원, 아니 3,300원으로 두 친구를 잃어버린 미련곰탱이 얘기를 좀 해야겠다.

세 사람의 단짝 친구끼리 며칠간 여행을 다녀왔다. 경비를 결산하고 보니 딱 10만원이 남았다. 각자 헤어지기 전 터미널에서 주머니를 관리하던 A가 잔돈이 없다며 제 몫을 떼고 6만원을 두 사람에게 넘겼다. 그러니까 33,330원이 정확한 제 몫이었지만 잔돈이 없으니…… 잘 했다. 누구도 몇천 원에 목을 맬 사람은 없었다. 그런데 어머! 그게 전혀 잘한 것이 못 됐나보다. 6만원을 받아 든 B와 C는 약속이나 한 듯이 서로의 얼굴을 쳐다보며 싱긋이 웃었다. 똑같이 입이 일그러진 묘한 웃음이었다. 저들은 단짝이라고 했다. 몇천 원에 목을 맬 이유도 없다고 했다. A는 별 의미 없이 정말 나눠 갖기 좋으라고 그랬을 수도 있다. 그렇다면 그냥 무사통과 했어야 했다. 그런데 두 사람의 그 몹시 뒷맛 찜찜한 감정의 정체는 무엇이란 말인가.

그렇다. 구태여 의리니 도리니 거창한 용어까지 동원할 필요도 없다. 반드시 친한 사이가 아니라도 한국의 일반적인 정서는 그럴 때(정확한 계산이 어려운) 먼저 뗀 사람이 조금만 양보하면 된다. 제가 3만원을 갖고 나머지야 어떻게 나누건 말건 그냥 넘기면 된다. 두 번째 사람도 3만원을 갖고 마지막 사람에게 넘기는 게 보통 상식이란 말이다. 나머지는 마지막 사람이 알아서 할 일이다. 여기 참으로 재미있는 것은, 처음사람이 제 몫으로 4만원을 뗀 건 분명 흉이지만 마지막 사람은 그대로 4만원을 가져도 흉이 되지 않는다는 점이다. 앞에 나는 그냥 듣기 좋게 짐짓 그렇게 표현했을 뿐, A의 본심은 잘 모른다. 어쨌든 그 후 B와 C는 A를 경원敬遠했고 내가 변명해줄 의무도 없다. 다만 여기 굳이 덧붙이자면 B와 C는 결코 제 돈 3,300원이 아까워서가 아니란 것만은 확실하다는 것이다.

친구란 하루아침에 되어진 사이가 아니다. 두 사람이 서로 친하다고 여기기까진 많은 시간과 수고가 필요했다. 그런데 실로 아무것도 아닌 하찮은 일로 서로 어그러지게 되는 경우가 얼마나 많은가. 따지고 보면 못 이해할 것도, 용서 못 할 것도 전혀 아닌데도 한번 어그러진 관계는 아무리 노력해도 인력으로 어떻게 안 되는 안타까운 경우가 있는 것이다. 본정을 생각해서라도 그리 말자. 제 인격을 걸고 자신을 설득시키느라 피나는 노력을 해보아도 도무지 감정이 따로 놀 때가 있다는 말이다.

사람의 그 델리케이트한 감정을 아예 싹 무시하고 나서는 무식한 사람들이 있다. 무슨 짓을 하고도 말로 그럴싸하게 발라 놓으면 전혀 문제될 게 없다며 세상을 편하게 사는 사람들이다. 그러나 인간관계는 유지하는 데 우선적인 공식이 있다. 그것은 배려의 예의다. 상대를 의식하지 않는 관계는 성립될 수 없다. 저는 어떻게 행동해도 당연히 이해될 거라고 믿는다면 그것은 오산이다. 이해 못하는 쪽이 옹졸하기 때문이라고 몰아붙여도 소용없다. 마치 자신은 엄청 대범한 양 떠들지만 그것은 대범이 아니요 정확히 무례인 것이다. 문제는 그런 사람에겐 누구도 곁에 사람이 붙지 않는다는 것이다.

그리고 보면 사람은 참으로 알 수 없는 동물이다. 그렇듯 실용주의에 목을 맨 인간들이 어쩌자고 서 푼도 안 되는 감정 때문에 숫제 산통을 깨 버리느냐 말이다. 1,000원 한 장에 살인도 불사한 인간이 억만금이 쏟아진다 해도 윈 눈도 깜짝하지 않는 건 무슨 연유인가? 동전 한 닢 보고 물속 30리를 긴다는 말이 있다. 인간은 그렇게 실리적으로 살지 않으면 살아남기가 어렵다. 그런데 또 한 인간은 그렇게 모은 피 어린 돈을 한 순간에 저는 발가벗고도 남을 위해 통째 내어놓기도 한다. 말 한 마디로 천 냥 빚을 갚는다니, 대관절 이 일련의 일들은 무엇을 말하느냐 말이다.

성경엔 이 백성이 지식이 없으므로 망한다고 했다. 물론 그 지식은 하나님을 아는 지식이다. 그런데 인간은 인간에 대한 지식이 없으므로 망하기도 한다. 오늘, 사람들은 저마다 필요의 충족에만 급급할 뿐, 상대에 대해 알려는 수고를 전혀 하지 않는다. 저 좋을 대로만 사는 것이다. 그러나 예의는 모든 필요에 우선한다. 이것은 진리다. 정녕 필요가 목적일진대 목적의 달성을 위해선 합당한 수단과 방법이 따르게 마련인데 바로 그 수단 방법의 기본이 예의란 말이다. 사람들은 예의를 불필요한 허식으로 여기며 구시대의 잔영이라 경시하는데 그야말로 두루(하나님이나 사람에 대해) 무지한 소치다. 앞의 미련곰탱이 얘기가 아니더라도 모든 관계의 잘못됨은 그 동기가 거의 대동소이하다. 그것은 단순히 물량적 손익 탓이 아니요 상대에 대한 무배려, 무례, 독선이 결정적이다.

예의는 유교의 전유물로 기독교의 사랑과는 무관하다고 떠드는 무식한 크리스천들이 있다. 그들은 아마 성경을 한 번도 읽지 않고 사랑타령만 읊어온 사람들일 것이다. 그렇다. 사랑은 모든 인간의 필수적 소망이다. 아니, 인간만이 아니라 모든 생물은 애당초 사랑을 먹고 살도록 피조되었다. 그래서 종교는 고등동물의 사랑이 하등동물의 사랑과 어떻게 다른가, 달라야 하는가를 가르친다. 그러니까 고등동물의 특징은 반드시 사랑에 예의의 옷을 입힌다는 것이다. 보자. 유교의 인·의·예·지야말로 사랑의 본질이다. 고린도전서의 사랑과 한 치도 다를 것이 없다. 그것은 결코 인간이 만든 어느 시대의 산물이 아니요, 인간과 함께 비롯해서 영존할 진리이기 때문이다.

피조물이 창조주를 경외함이 마땅한 예의요 도리이기 때문에 우리는 하나님을 섬긴다. 감히 단언하건대, 앞으로 이천 년이 다시 흘러도 예의는 여전히 인간관계의 기본이 될 것이다. 인간이 달리 진화할 것이 아니라면 말이다.

프로크루스테스의
침대

    남이 하는 것을 곁에서 보기는 뭐든지 쉬워 보인다. 재주가 없어 그렇지 만약 재주만 타고 났다면 누워서 떡 먹기라고 여길 만큼 쉬워 보이는 것이 참 많다. 특히 글을 쓴다는 것도 그래 보일는지 모르겠다. 그러나 아무리 오랫동안 그 일에 종사해온 사람이라도 모두가 그리 쉬운 것만은 아니다. 누워서 떡 먹기가 얼마나 어려운 노릇인데 그런 말이 생겨났는지 알 수 없듯이 그 남이 하는 쉬워 보이는 것을 제가 한번 해보면 금방 알게 될 것이다.

    법정 스님 이야기를 쓰면서였다. 자다가 몇 번씩이나 일어나서 불을 켰다 껐다 하며 거의 밤을 샌 적이 있다. 내가 크게 공감했다는 법정의 "나는 너무 말을 많이 한 것 같다"는 말 때문이었다. 나는 너무 말을 많이…… 나는 말을 너무 많이…… '너무'를 말 앞에 두느냐 많이 앞에 두느냐 가지고 끙끙거린 것이다. 읽는 사람이야 그 말이 그 말이라고 건성으로 흘리겠지만 쓰는 사람은 그렇지가 않다. 분명 뉘앙스가 다른 것이다. 하도 씨름하다 보니 머리에 쥐가 나는 것 같았다. 물론 자기가 하는 일을 천부적으로 쉽게 잘 해내는 사람도 얼마든지 많다. 나처럼 별로 재주도 없으면서 그 일을 사명으로 알고 끙끙거리는 사람도 많고.

나는 희곡을 해서인지 문체부터가 구어체로 말이 유려하지 못하고 투박하다는 걸 잘 알고 있다. 대사에 치중하는 습관 때문인지 글을 쓰면서 꼭 호흡을 잰다. 그러니까 글이 다분히 운율적이다. 그래서 기실 별로 중요한 내용도 아닌 조사를 붙들고 밤을 지새운 적이 많다면 참으로 딱해 보이겠지만, 그러나 어떤 단어를 앞에 놓느냐 뒤에 놓느냐는 결코 중요하지 않은 것이 아니다.

아, 갑자기 재미있는 일화가 생각난다.

장로교의 창시자 칼빈의 전성기 때였다. 당시 삼위일체론에 이의를 제기했던 세르베투스라는 스페인의 신학자가 있었다. 그는 서슬 퍼런 칼빈파에 의해 이단으로 몰려 화형당하고 말았지만 여기 가슴 아픈 에피소드가 있다. '하나님의 영원하신 아들 예수'를 주장하는 칼빈에게 그는 끝까지 '영원하신 하나님의 아들 예수여! 긍휼을 베푸소서' 하고 죽었다고 한다. '영원하신'을 하나님 앞에 붙이느냐 예수 앞에 붙이느냐가 뭐 그토록 살고 죽는 문제까지이랴(삼위일체라면서) 싶지만 따지고 보면 인간의 아집과 독선만큼 무서운 적은 세상에 다시 없으리라.

죄악 세상에서 불완전한 인간이 누구라고 과오를 범하지 않을 수 있으랴만, 잘못을 행한 것보다 더 큰 잘못은 그 잘못을 변명, 합리화, 정당화하는 것이며 그 때문에 세상이 더욱 잘못되어가고 있는 것이다. 옳음의 추구는 사람을 살리자는 장치이지 제가 옳기 때문에 남을 죽이는 게 당연하다니, 그것이 바로 바울이 사울 때의 마귀적 논리가 아니고 무엇이더란 말인가.

그리스 신화에 프로크루스테스라는 괴도가 있었다. 그는 나그네가 지나가는 길목을 지키고 있다가 붙잡아선 돈과 물건을 빼앗고 나그네를 자기네 침대에 눕히곤 침대보다 사람이 크면 침대에 맞추어 머리와 다리를 잘라 죽이고 침대보다 작으면 목과 다리를 늘여빼서 죽이는 것이다. 그래서 무엇이나 제 입맛대로 재단하는 독재자의 횡포를 프로크루스테스의 침대라고 일컫게 된 것.

구태여 자랑이 되지도 못 할 부끄러운 내력을 운위하고 싶지도 않지만 나는 목회자의 이임離任을 순리대로 돕지 못한, 세상을 근심시킨 교회의 못난 중직자였다. 세상에 뭐 그리 할 짓이 없어 어쩌다가 목회자를 축출한 교회의 교인이 되고 말았을꼬! 그 과정에서 정말 소름 끼치는 피투성이의 지옥을 맛보면서 "너희가 소경이 되었더면 (차라리 좋았을 걸) 죄가 없으려니와 본다고 하니 너희 죄가 그저 있느니라"는 예수님의 탄식이 내 가슴을 마구 후벼 팠다. 이러는 게 아니다. 이래서는 안 된다고 아무리 매달렸으나 이미 이성을 잃은 무리 앞엔 도저히 역부족이었다. 영문도 모르고 고래 싸움에 등 터진 양들이 차마 안쓰러워 나는 날마다 울어야 했다.

'아! 전엔 내가 이 교회에서 얼마나 행복한 신앙생활을 했던가…… 내가 교회를 너무 오래 다녔구나.'

흔히 노인들의 "내가 세상을 너무 오래 살았구나—" 하는 탄식을 이제야 알 것 같았다.

인류 역사가 존속되는 한 어디나 갈등과 분쟁은 계속되겠지만 다른 것은 차치하고라도 부디, 제발, 저만 옳고 저만 잘 믿는다는 믿음이란 이름의 그 오만과 독선만은 그만 끝내줬으면— 간절한 바람이다. 정작 누가 옳고 누가 잘 믿는지는 오로지 한 분만이 판단하실 일이니까.

곡굉이침지라도

나이 들어가니 이상하게 어렸을 때 멋도 모르고 떠벌리던 명언이나 고사성어에서 새삼스레 진리를 깨닫게 된다.

나는 어렸을 땐 지금처럼 차분한 여성적인 데라곤 없었던 것 같다. 고삐 풀린 망아지마냥 그냥 나부댔다.

그날도 나는 연신 떠들고 있었다.

"나물 먹고 물 마시고, 곡굉이침지라도…… 팔을 베고 누웠으니, 곡굉이침지라도…… 대장부 살림살이, 곡굉이침지라도……"

'곡굉이침지라도'를 마치 노랫가락의 추임새처럼 넣고 있었다.

동네에서 유식하다고 소문난 아저씨가 나를 불렀다.

"악아! 너 곡굉이침지가 뭔 말인지나 아냐?"

"몰라요"

"뭘 알고 말을 해야지(끌끌……) 곡굉이침지는 일꾼이 들밭에서 일을 하다가……"

"또, 또!"

아버지가 철없는 애한테 실없는 농담 작작하라며 아저씨 말을 무질렀다.

"그래서요?"

그냥 넘어갈 내가 아니었다.

"어험! 그러니께…… 일꾼이 새참을 든든히 먹고……."

"옳지! 그런게 곡괭이 자루를 베고 누웠다는 말이구나?"

"호오? 역시 너는 천재여. 김 생원은 딸 하나 참 명물을 뒀다니께. 어허……."

"아하…… 하하……"

아버지도 귀엽다는 듯 배꼽을 잡으셨다.

당시 나는 한문을 전혀 몰랐고, 곡괭이침지가 팔을 베고 누음을 뜻한 것을 어렴풋이나마 알게 된 것은 강산이 한두 번쯤 변한 뒤였을 것이다. 그런데 어떻게 앞뒤는 까맣게 모른 채 곡괭이침지만은 정확하게 기억하고 있었는지, 도대체 그걸 어디서 누구에게 주워들은 문자인지 지금도 알 수가 없다.

《논어》〈술이편述而篇〉에서 청빈낙도의 공자의 그 숭고한 사상을 알게 된 것도 또 한참 후의 일이다. "대장부……"는 각색된 것이고 원문은 이러했다.

飯蔬食飲水반소사음수하고 (나물 먹고 물 마시고)

曲肱而枕之곡굉이침지라도 (팔을 베고 누웠으니)

樂亦在其中矣낙역재기중의니 (즐거움이 그 안에 있음이여)

不義而富且貴불의이부차귀는 (의롭지 않게 부귀를 누림은)

於我如浮雲어아여부운 이니라 (나에게는 뜬 구름과 같아라)

우리가 서울에서 가장 낙후된 천호동으로 이사 온 지도 벌써 수년이 되었다. 몇 달 전부터는 아예 나 혼자서 위층으로 애들과 떨어져 나왔다. 전에는 파이롯트 공장 터였다 해서 파이롯트 공원이라더니 요즘은 천호 공원으로 개명된 공원 바로 옆의 아파트 5층이 나의 보금자리다. 공기며 전망이며 애들 문자대로 정말 짱이다. 천호동도 옛말이요 좋은 점을 들자면 많지만 특히 요 근래 공원을 많이 수장修裝하여 웬만큼 공원 면모를 갖춘 셈이다.

앉아 있는 책상 너머로 높이 치솟는 음악분수를 감상하며 무더위에도 바람에 하늘거리는 나뭇잎의 율동에 박자를 맞춘다. 매미 울음소리는 브람스의 자장가 저리가라다. 이 방 저 방 기웃거리고 다니는 것으로도 족히 운동이 될 만큼 큰 집에서 나같이 부족한 사람이 이래도 되는지 양심에 켕길 만큼 진정 감사하고 또 감사할 따름이다. 아직도 세상에 내가 해야 할 일이 남아 있다면 더 열심히 하리라는 다짐으로 간신히 그 부담에서 놓여난다.

그런데 실로 어이없고도 염치없는 일이 벌어지고 만 것이다.

얼마 전 우리 동기 중에서 가장 잘산다는 친구 집에서 모임이 있었다. 약수동 산 중턱에 있는 그의 집은 자주 다니는 집이지만 그동안 집을 통째로 헐고 10층 빌라트를 신축했다. 건평 100여 평의 초고급 주택이다. 상품가치를 위해서도 정원을 맘먹고 꾸몄고 플러스 알파로 숫제 남산 전체가 자기네 정원이었다. 남산 타워가 다정하게 인사를 한다. 어디서 이런 정경을 구경할 수 있단 말인가. 역시 잘사는 친구를 둔 것도 자산이라고 이구동성으로 좋아하며 모두는 잠시나마 행복해 했었다.

으레 외출했다 돌아올 때면 공원으로 접어들면서부터 뿌듯한 행복감에 젖어들었건만 그 친구네서 돌아오던 바로 그날 동네 공원으로 접어들던 나는 그만 어리둥절 했다.

'어머! 무슨 공원이 이래?'

꼭 낯선 남의 동네 같았다.

'흐응! 그래도 공원이랍시고……'

그다지도 입이 닳도록 감사를 외웠던 공원이었건만…… 벤치에 즐비하게 늘어앉은 노인들의 초라한 모습이 공원과 딱 제격이었다. 현관문을 밀고 집에 들어설 때까지 내 마음은 공연히 뜹뜰했다. 하! 이것이 소위 상대적 빈곤이라는 것이렷다!

처음 내장산 구경을 갔을 때였다. 나는 그 이전엔 그런 절경을 어디서도 본 적이 없었다. 어떻게 그렇듯 기기묘묘한 각양각색의 단풍나무들만으로 잘도 꾸며 놓은 건지, 사람의 수고가 새삼 경이

로웠다. 종일 입을 다물지 못하고 다녔다.

그날 구경이 끝나고 집으로 돌아오는 차 안에서였다. 내장산을 벗어나자 누군가 창밖을 가리키며 말했다.

"저 산을 좀 봐요!"

그러자 누군가 곧 화답했다.

"워어매! 눈 베러뿌렀네."

시시하고 초라하기 그지없었다. 정말 그렇게 형편없는 가을산은 처음 본 것 같았다.

"참말로! 어쩐디야……"

"아이고, 으째사 쓰까잉……"

저마다 짐짓 한 마디씩 사투리를 총 동원하며 깔깔댔다. 물론 세상이 무슨 이변이 일어난 것도 아무것도 아니었다. 그런데 사람들의 입맛이 졸지에 모두 변해 있었다.

이렇듯 푹푹 찌는 날 시멘트벽에 갇혀서 숨을 헉헉거릴, 통풍도 안 된 저지대 사람들을 생각하며 나는 잠시나마 건방을 떨었던 스스로를 회개하고 있다.

나를 질책이라도 하는 듯 오늘따라 매미떼가 유난히 기승을 부리는 것 같다.

소리— 일찍이 내가 네게 자족하는 법을 가르쳤거늘……

"예 예. 하며요! …… 나물 먹고 물 마시고…… 물 마시고……”

　공연히 허둥대던 나는 한참만에 정신을 차렸다. 공원 벤치에 한 남자가 구부려 팔베개하고 누워있다. 저 단잠 한숨은 정녕 그 어떤 인삼 녹용보다 보약이 될 것이다. 낙역재기중의, 과연 즐거움이 그 안에 있음이여.

　오늘도 아무데서나 곡굉이침지하는 이 땅의 모든 사랑하는 형제에게 부디 축복 있으라! 축복 있으라!!

그
한 사람

민주화시대이다 보니 무엇이든 숫자로 밀어붙이는 것이 능사요 또 그것이 가장 합리적인 것으로 되어있다. 그러나 반드시 다수가 절대선絶對善이거나 절대의義일 수 없음은 재론의 여지가 없다. 그렇다고 모든 소수가 곧 절대선이요 절대의란 말도 물론 아니다.

역사를 돌이켜보건대 극소수, 아니 그 한 사람 때문에 인류가 나락에 떨어지는가 하면 국가를 누란의 위기에서 건진 것도 그 한 사람 때문이었다는 것을 우리는 잘 알고 있다. 우리는 인간이 어디까지 타락할 수 있는가를 보며 몸서리를 치기도 하지만 하나님의 형상대로 지음 받은 인간이 얼마나 가상하고 위대한가를 보며 또한 소망을 갖게 되는 것이다.

오늘은 누구나 다 알고 있는 영화 이야기를 좀 해야겠다.

2차 대전 중 독일의 점령지 폴란드의 크라우. 수단 방법을 가리지 않고 오로지 치부에만 혈안이 되어 있는 체코인 기회주의자 오스카 쉰들러가 계획적으로 나치 당원이 되어 폴란드계 유대인의 그릇 공장을 인수한다. 그는 유대인의 무임착취로 소기의 목적을 달성해 가고 있었다. 그런데 사업 경영을 위해 유대인 회계사를 친구로 두면서부터 그는 사람이 달라져 갔다. 마침 상부로부터 온 마을 폐쇄령이 내려진다. 회계사 등 유대인들이 모두 크라우 수용소에 수용된다. 그는 그 특출한 수완을 발휘해 다시 공장을 가동하게 된다. 노동력이 없거나 그 밖의 다른 이유로 유대인들이 아우슈비츠 가스실로 끌려가는 것을 보면서 그는 드디어 회계사 친구와 살려내야 할 유대인의 명단을 작성한다. 그는 돈 벌기 위해 써먹던 것과 같은 수법으로 독일군 장교를 매수하고는 고향 체코에 그릇 공장을 세워 인력이 필요하다며 한 사람당 얼마씩 쳐서 유대인을 빼내는 것이다. 그는 이번엔 제 돈이 바닥날 때까지 한 사람이라도 더 구해내려고 혈안이 되었다.

종전이 되고. 그가 빼낸 유대인은 모두 1100명에 이르렀다. 살아난 유대인들은 제 금이빨을 빼서 쉰들러에게 반지를 만들어 감사를 표했다. 거기엔 이렇게 새겨져 있었다고 한다. 《탈무드》의

"한 사람을 구한 것은 온 천하를 구한 것이다."

그것을 바라보며 그는 오열한다.

"아, 이 시계를 팔았더라면…… 이 차를 팔았더라면 유대인

몇 사람이라도 더 살릴 수 있었는데…… 나는 왜 좀더 부자가 되지 못했던고! …… 한 사람이라도 더 살릴 수 있었는데…… 한 사람이라도…… 한 사람이라도……”

그의 오열은 진정 사람을 살맛나게 했다. 그것은 단순히 사람의 눈물샘을 자극하는 멜로나 휴머니즘 그 이상의 것이었다.

그 집에 호롱불, 아니 토막 촛불 하나만 있어도 집이 통째 암흑에 빠지지는 않을 수 있다. 그곳, 그 시대에 단 한 사람의 빛 된 사람만 있어도 어둠 속을 더듬거리지 않아도 될 소망이 있는 것이다. 그래서 인간은 누구나 그 빛 된 한 사람을 위하여 참으며 기다리며 기도한다. 하나님은 다수의 군중이 아니라 깨어있는 그 한 사람으로 새 역사를 쓰고자 하시기 때문이다.

물론 사랑하는 내 가족을 위해, 내 나라 내 민족을 위해 귀한 목숨을 바친 훌륭한 사람은 세상에 얼마든지 많다. 그러나 쉰들러는 단연코 그 의미를 훨씬 뛰어넘는다. 내 가족 내 민족을 위해선 누구나 행동을 못할 뿐, 필요야 절실하지만 아무리 죽어가는 유대인들이 만번 불쌍하더라도 아무도 쉰들러처럼 그래야 될 당위성을 느끼지 않는단 말이다.

오스트레일리아 작가 토마스 케닐리의 원작 소설을 10년에 걸쳐 스필버그 감독이 영화화한 〈쉰들러 리스트〉는 실존 인물을 모델로 한 실화니 아니니 의견이 분분하지만 어쨌거나 쉰들러는 2000년 전 저 나사렛 동네에 오신 그분을 닮은 그 하나 영롱한 빛이었다.

함석헌의 〈그대 그런 사람을 가졌는가〉라는 유명한 시가 있다.
만리 길 나서면서 처자를 맡기며 맘 놓고 갈 수 있는
온 세상이 저를 버려 외로울 때도 저 맘이야— 하고 믿어지는
조난당한 배에서 구명대 하나를 놓고 서로 양보하는
세상 떠나면서 저 하나 있으니— 하며 웃고 눈을 감을 수 있는
그 사람을 그대는 가졌는가이다.
사람들은 누구나 그런 사람 갖기를 소망하며 그런 사람을 가
진 사람을 몹시 선망한다. 그러나 그분의 시에서 내 맘을 사로잡은
그 한 사람은 따로 있다.

온 세상의 찬성보다
아니— 하고 가만히 머리 흔들
그 한 얼굴 생각에
알뜰한 유혹을 물리치게 되는
그 사람을 그대는 가졌는가

누구에게나 그 사람은 다를 수 있지만 아무도 그 한 사람을
가지고 있지 않은 사람은 없다. 반드시 이 세상 어딘가에 살고 있
지 않더라도 우리는 누구나 그 한 사람을 가지고 있고 또 알고 있

다. 그것은 우리 인간이 이 땅에서 누릴 수 있는 공동의 축복이다.

오늘 그대도 누군가에게 그 한 사람이기를!

신

족보타령

사람이 살다보면 잘 될 때도 못 될 때도 있는 거지, 시궁창을 뒹굴면서도 어김없이 아무데 명문 몇 대손이요…… 지금껏 자기네가 양반 아니라는 사람 들어본 적이 없다. 그도 그럴 것이 어차피 모두가 한 조상이었는데야. 하나같이 모두 전에 집에 금송아지가 있었고 현재 못 돼 있을수록 족보는 가보 1호요, 잘 된 사람은 행여 뼈대 없는 상민이랄까봐 돈 주고 족보를 사서 책장을 장식해 두고 있었다.

그런데 요즘은 별 놈의 것이 다 자랑이 되고 있다. 민주화, 평준화를 부르짖는 선진 문명사회답게 효용가치 없는 골동품은 말짱 청소되고 있지만 여전히 검증할 수 없는 새로운 이력이 등장하게 된 것이다.

그 흔한 대학 졸업장을 끝까지 고사한 상고 출신 두 대통령이 등극하면서부터 별로 잘 나가지 못한 명문대 출신들은 소 팔고 밭 팔아 어디 써먹지도 못할 졸업장을 취득한 죄로 공연히 주눅 들어 하는가 싶더니 또 미화원 출신이 대통령 되면서는 너도나도 우리 아버지는 소장수였느니 말장수였느니 두메산골 빈농부였느니 저마다 소리치고 나오는 통에 늘 시류에 한 박자 늦은 나로선 도무지 어리둥절할 뿐이다. 전쟁, 난리를 치르면서 잠시 잠깐이라도 험한 막일을 안 해본 사람이 누구일까만 사돈네 팔촌까지 총동원하여 빽 자랑하던 시절이 언제인데 아무리 서민의 표가 탐이 났기로손 굳이 밑바닥 인생을 조작하면서까지 애써 자신이 입지전적 인물임을 과시해야 하다니, 그 톱스타급 연기력에 실로 경탄을 금할 수 없다.

참으로 사람은 알 수 없는 동물이다. 이와 정반대의 이야기를 하나 해야겠다. 우리 동네 친구 오빠의 일이다. 시골에서 고생고생하다가 안 되겠다 싶어 무작정 단봇짐을 싸들고 서울로 달아뺐다. 이것저것 닥치는 대로 하다 보니 조금씩 기반이 잡혀갔다. 더욱 이를 악물고 살아낸 결과 이윽고 동네 유지가 되었다. 그 오빠는 처소를 옮겨서 버젓한 사업가로 변신했다. 그런데 가끔 시골에서 그의 어머니가 상경하면 그 오빠는 간을 졸였다. 어머니는 아들이 고맙고 기특하고 자랑스럽기 그지없었다. 정말 쳐다보기도 아까운 자식이었다. 어머니는 손님이 오면 아들이 얼마나 고생 끝에 자수성가했는지를 입에 침이 마르도록 자랑한다. 아들은 그것이 싫었다. 거지처럼 굴러먹던 그 뼈아픈 세월을 차마 돌아보고 싶지 않았던 것이다. 어려운 손님이 오면 아예 어머니를 방에서 나오지 못하게 했다. 혹자는 그것을, 필요하다면 억지 눈물까지 질질 쥐어짜가면서 엄청 고생이라도 한 양 거짓 소설을 꾸며 쓰는 것과 똑같은 위선이 아니냐고 할는지 모르지만 나는 왠지 전자에게 안쓰런 위로를 보내고 싶다.

나는 곧잘 이런 말을 한다. 누군가 쓰레기통이라도 뒤질 만큼 어려웠을 때 그를 크게 도운 일이 있거든 짐짓 그의 곁에서 좀 떨어져 있어주라고—.

사람은 누구나 내가 도와준 사람이 잘 되면 내가 잘 된 것만큼 좋아라 한다. 그 사람이 잘 되어서 내게 고마워하는 모습을 보이면 더더욱 기분이 좋다. 거기까진 좋다. 그러나 여기서 조심해야 한다. 부지중에라도 내가 도와줘서 그가 잘 됐다고 자꾸 생색을 내거나 감사를 강요하면 반드시 문제가 생긴다는 것이다. 무엇보다 우선 상대는 악몽 같은 그 시절을 돌아보고 싶지 않은 것이다. 도와준 사람을 피하고 싶어진다. 흔히들 이쯤에서 '배은망덕'이란 단어가 당장 튀어나올 법하지만 그러나 꼭 그래서만은 아니다. 오히려 그에게 당신의 은혜는 뼛속 깊이 새겨져 있다. 그는 차라리 그것이 더 괴로운 것이다.

그는 언젠가 반드시 당신을 찾아올 것이다. 설사 영 그가 찾아주지 않는다 해도 좋은 일 했으면 그것으로 됐으니 그를 다시 울리지 말라고 부탁하고 싶다. 억울해 할 것 없다. 그의 일생에서 가장 치욕스런 아픔을 지켜줌으로써 한 번 더 좋은 일을 한 셈이니 너무 보채지 마라. 그는 분명코 당신 때문에 오늘 저리 잘 됐고 가슴 깊이 뜨겁게 감사하고 있다. 그가 차라리 신종 족보를 쓰고 있는 사람들보다 훨씬 인간적이란 걸 이해해줄 순 없을까?

한 가지 당신에겐 확실한 보장이 있다. 은밀한 중에 당신의 행함을 보시는 하나님께서 반드시 더 크게 갚아 주시리라는 것이다. –마 6:4

각설이
　　　인생

　누구나 백발이 되어 제 지나온 뒤안길을 더듬어 보면 만감이 교차할 것이다.

　나는 일생이 허무하다, 덧없다 말하고 싶기보다는 비록 아무것도 이루어 놓은 것은 없어도 그래도 참 열심히 살았었구나- 하고 스스로를 썩 대견해 하고 있다.

　'나는 왜 그렇듯 되는 게 없었을까?'

　안쓰런 스스로를 몹시 짠해 하면서도 그래도 포기하지 않고 긴 세월을 어찌 그리 한결같이 자부심을 가지고 나름대로 열심히 살 수 있었는지 신기하기만 하다. 무엇보다 성패에 괘념치 않고 같은 신념으로 꾸준함을 유지하게 해주신 것은 오로지 하나님의 특별은총이었다고 믿어지는 게 한없이 귀하고 감사할 따름이다. 어찌 그게 내 힘이었겠는가!

내가 문학소녀였을 적에 팔자 좋은 사람들은 전쟁 뒤끝이라 공부는 뒷전이요 한창 아름다운 청춘을 구가하고 있을 때 나는 드라마센터와 국립극장을 열심히 들락거렸고 습작품을 들고 분주히 교수님을 찾아다녔다. 본래 글을 쉽게 쓰는 다작형이 못 되는 사람이라서 쌓이는 파지 원고지를 매일 불쏘시개로 공급하면서도 꽤 여러 작품들을 썼었다. 주로 단막극이지만 중편소설도 장막극도 있었다.

내가 문학을 접은 것은 장막극 〈이브에게 물어라〉(4막 5장)가 국립극장 공모에서 낙선한 후였다. 내 작품은 문학성은 좋은데 연극성이 좀 부족하다는 심사평이었다. 당시 나의 멘토는 셰익스피어였다. 20대에 시를 쓰고 30대에 소설을 쓰고 40대에 쓴다는 희곡을 나는 30대에 마스터(?)하고 돌아섰고, 소극장 하나를 갖고 싶다는 것도 더 이상 나의 꿈이 될 수는 없었다.

재미있는 에피소드가 있다. 애들 아빠가 총각 때 내 작품을 몰래 가져다가 자기와 친분이 있는 모 평론가에게 보였다.

"야! 아뭇소리 말고 이 여자 꽉 잡아라!"

아아주 유망주라 했다나. 덕분에 내가 시집을 가게 됐으니 업어치나 메치나 다 하나님 은혜 아니던가.

그러니까, 극작가는 무대를 통해서만 말하는 거라며 〈현대문학〉에 단막극 추천을 고사한 것도 내 쪽이었으니 그래서(낙선에 실망해서) 내가 진로를 바꾼 것은 결코 아니었다는 말을 지금 하고 있다.

본래 나는 개인 구원론에 못잖게 사회구원론에도 퍽 관심이 많았다.(내가 진로를 바꾼 이야기는 졸작 1집에 나와 있다.) 그러니까 자신이 서 있는 곳이 어디든 '더불어 함께 잘 사는 세상'이 나의 꿈이었다. 돌이켜 보면 결코 내가 진로를 바꾼 게 아니라 내 꿈을 구현하는 무대에 좀 의외의 등장인물이 스쳐갔을 뿐으로, 내가 추구하는 내 인생 드라마의 테마는 그대로란 말이다.

마침하고, 소위 작품이란 것들은 진작에 모두 없애 버렸는데 옛날의 비망록을 들추다 보니 소싯적에 끼적인 낡은 쪽지가 한 장 들어 있어서 여기 옮겨본다.

*　　　*　　　*

무대, 칠흑의 어두움.

널따란 4층 계단.

S1. 맨 아래층.　S·L(Spot Light)

2·30대의 청년이 무릎을 꿇고 두 손으로 꽃다발을 높이 받쳐 들고 있다.

"오오— 줄리엣!"　　　　F·O(Fade Out)

S2. 2층. S·L

3·40대의 장년이 하늘에서 눈처럼 내리는 돈을 이리저리 따
라다니며 줍고 있다.

"고맙습니다…… 고맙습니다……"   F·O

S3. 3층. S·L

4·50대의 중년이 근사한 회전의자를 가리키며

"저건 내꺼야아—"   F·O

S4. 맨 윗층. S·L

6·70대의 백발 성성한 노신사가 두 손을 하늘 높이 쳐들고
울부짖는다.

"주여어—"   F·O

Plot.

2·30대엔 힘겹게 턱 넘은 여자 꽁무니를 쫓아다니다가 젊음을
다 보내고

3·40대엔 그 여자를 위해 혈안이 되어 돈을 잡으러 헤매었다.

4·50대엔 목숨보다 아끼는 돈을 다 바쳐 명예와 권력과 바꾸었다.

너무도 가난에 찌들었던 젊은 시절 얻은, 그토록 사랑했던 여자
는 고생 끝에 지병으로 일찍 세상을 떠났고

영원한 보루가 되리라 믿었던 명예와 권력도 그를 끝까지 지켜주진 못했다.

따지고 보면 그는 원하는 것은 다 얻은 셈이었지만 그의 곁에 남은 것은 아무것도 없었다.

"과연 神은 살아서 역사하시는가?

神은 사랑이라 나의 어리석음을 보상해주실 것인가?"

마지막 안간힘을 다해 神과 담판을 하고자 몸부림쳤지만 과연 그가 구원을 얻었는지는 아무도 모른다.

일생을 거지처럼 구걸하다 神을 부르며 마지막 쓰러진 그 자리에 다시 새 생명이 代를 이어 선다.

또 같은 되풀이가 시작되는가.

평생을 허공을 허우적이는 저 손은 과연 무엇을 쥐어줘야 갈망이 그칠 것인가?

*　　*　　*

그것을 처음 구상했던 당시의 나는 무엇을 말하려 했을까? 사실 그 문제는 너무 심오해서 카메라 앵글에 따라 그림은 얼마든지 다양하게 나올 수 있겠으나 내가 지금 노년이라 해서 굳이 교과서적인 결론을 내리고 싶진 않다. 차라리 나는 열심히 산 주인공에게 박수를 보내고 싶다. 만약 그가 마지막에 신을 만날 수만 있었다면 말이다.

위 쪽지를 보고 문득 생각나서 같은 테마로 〈각설이 인생〉이란 시를 써 보았다.

빈손으로 나왔으니 빌어먹는 거야 당연한 순리라 해도 그럴 거면 아예 처음부터 두 손 펴고 나올 일이지, 어쩌자고 두 주먹 불끈 쥐고 대단한 각오로 살 것처럼 했으면서 평생 빌어낼 건 뭐며, 또 무엇보다 알 수 없는 건 그렇듯 염치불고하고 빌어댄 것들은 다 어디로 날아갔느냔 말이다.

사람들은 약속이나 한 듯이 이구동성으로 말한다.

"왜 나의 삶은 그렇듯 힘겨웠을까?"

각설이 인생은 이렇게 대답하고 있다.

삶은

산다는 그 자체만으로도 위대한 것

유난히 내 삶이 힘겨웠다면

그만큼 남보다 위대한 삶이었느니……

눈 가리고 아웅 한다고 부디 날넘지 말기를 부탁하고 싶다. 하나님은 나로 당신에게 이 말을 하게 하기 위해 긴 긴 세월을 모질게 연단하셨다는 걸 꼭 기억해 줬으면 좋겠다.

분명코 당신의 삶도 그만큼 위대했느니!

친구

　　백화점 로비에서 약속한 친구를 기다리고 앉아 있자니 좀 무료했는데 곁에서 소근대는 두 여인의 얘기에 어느새 나도 한 물에 들어가 있었다.

　　"어휴, 글쎄 그 인간…… 나 속 뒤틀려 죽을 뻔했는데 어쩜…… 아무리 뒤죽박죽인 세상 같아도 역시 우주는 섭리대로 구르고 있나봐. 그 인간이 그렇게 될 줄 누가 알았겠어. 후우— 묵은 체증이 쑤욱 내려갔다니까."

　　"허! 너두 심뽀가 그리 고운 편은 못 되나봐. 호호…… 누군? 이하 동문이지. 글쎄, 때가 가까워서 하나님도 바쁘신가봐. 옛날엔 한참씩 걸렸는데 요즘은 신상필벌이 재깍재깍이래."

　　자못 수준 있는 친구들 같아 보였다. 상식을 일탈한 누군가가 아마 벼락을 맞은 모양이었다. 글쎄. 벼락 맞은 사람이 당연한 건지 박수 치는 사람이 삐딱한 건지 속사정이야 잘 모르지만 두 사람의 대화로 봐선 당연히 맞을 벼락을 맞은 것 같다.

나는 아무리 선에 박수 치고 악에 분노하더라도 당장 그 결과엔 그래도 느긋한 편이다. '사필귀정'의 섭리를 믿기 때문이다.

내가 아주 좋아하는 금언이 있다.

모든 악은 그 자체로써 이미 벌 받고 있으며
모든 선은 그 자체로써 충분히 보상 받고 있다.

그렇다. 여기엔 이미 모든 게 끝나 있다. 그야 나도 인간인지라 애써 감정까지를 무시하자는 건 아니지만 위 말엔 믿고 참고 기다려줄 충분한 동력이 있다. 그래서 나는 뭘 좀 잘했다고 금방 생색을 내지 않도록 주의하며 누가 잘못했으니 전혀 억울해할 것도 없다는 주의다. 어차피 계산은 맞게 돼 있으니까.

문득, 나도 혹 누군가 등 뒤에서 배아파 씹고 있는 건 아닌지 두려워진다. 설사 실수를 하더라도 서로 감추고 덮어줄 만큼은 돼야 하는데 정말 내가 잘 살고 있는지 해서 말이다.

잘 차려 입은 귀부인이 나타났다. 두 여인이 일어선다.

"어디로 갈까?"

"엉. 내 예약해 놨어."

"오늘은 시시하면 안 먹어 준다?"

또 한 친구가 거든다.

"승진 턱인데 처음부터 백화점 약속을 받아주는 거 아닌데……."

"건 아니지. 혹시나 박시나 선물이라도 하나 앤겨줄까 해서지."

모두들 한바탕 유쾌하게 웃는 게 보기 좋다. 좋은 친구 사이 같다.

나의 1집 책에도 '친구 이야기'를 썼지만 일생에 친구는 참으로 소중한 존재다. 부모 복을 못 타고 날 바엔 친구 복이라도 타고 나라는 말이 있다. 아무리 부부 복을 잘 타고 났더라도 끝까지 해로하진 못할 것─일생에 가장 오래 함께하는 건 역시 친구다. 그런데 어떤 친구가 정말 좋은 친구인가는 상황에 따라 조금씩 다르다. 굳이 공자의 익자삼우益者三友를 들출 것도 없이, 새삼 백아와 종자기, 오성과 한음, 다윗과 요나단의 역사를 읊지 않더라도 누구에게나 이해하고 아껴주는 친구가 가장 좋은 친구이겠지만 노년의 친구는 또 다르다. 구순하고 그저 따끈한 부침개라도 들고 자주 나타나주는 친구가 좋은 친구다. 여전히 저 잘난 체만 하는 친구는 누구한테나 밥맛이다.

친구는 일단 시간을 함께 보낼 수 있어 좋다. 부담이 없고 무료함도 고통도 잊게 해주기 때문이다. 하고 많은 시간을 멀거니 보랐고 있을 수는 없는 것 아닌가. 또 친구는 불편도 어려움도 함께 나눌 수 있어 좋다. 피 한 방울 섞이지 않았는데도 친구는 제 것을 내어놓는다. 네 것 내 것이 없다. 내가 친구에게 도움이 될 수만 있다면 그보다 즐거움이 없다. 친구는 제2의 자기라고 했다. 내가 나에게 하는 일인데 어려울 게 뭔가.

언젠가 TV에서 모 탤런트가 다 망하고 신경증 환자까지 되어 있는데 한 친구가 제 전재산인 통장을 내 놓으며 힘내라고 했다는 말은 참으로 감동적이었다. 무엇보다 통장을 내준 그녀는 검소하고 짜게 살기로 소문난 사람이었기에 더욱 그랬다. 형제도 선뜻 못 하는 일을 친구는 한다. 물론 모든 형제가 다 못 하고 모든 친구가 다 한다는 말은 아니다. 뭐든 그쯤 흉내라도 낼 수는 있어야 좋은 친구라는 말이다.

우리 둘째가 직업이 직업인지라 한때 주식이야 뭐야 얽혀서 비싼 수업료를 지불한 적이 있다. 차마 엄마한테는 말을 못하고 혼자서 홍역을 치렀던가 보다. 어느 날 불쑥 내게 한다는 말이, 대학교 친구는 친구가 아니더라고— 고등학교 친구는 저도 어려우면서 어떻게든 도움이 돼 보려고 애쓰더란다.(우리 애는 워낙 놀기를 좋아해서 친구가 많았다.) 그러나 그것은 누구나 알고 있는 상식이다. 철없을 때 정 주고 마음 준 친구와 철들어 호흡 맞춰 어울린 친구가 어떻게 다른가는 살아보면 알게 된다.

'親舊'란 그 어의부터가 친분이 오래되었다는 의미가 있다. 어린이라면 앞으로 오래될 거라는 의미도 된다. 물론 반드시 사귄 시간의 길고 짧음이 친구의 조건이 될 수는 없지만 설사 지금 누구와 날마다 잘 어울리고 얼마의 편의를 서로 나누고 산다 해서 아무나 친구라 할 수는 없다. 다시 말해, 때로 아무리 얄밉게 굴고 하는 짓이 못마땅해도 탓하지 않고 그의 단점까지도 사랑할 수 있는 것이 친구다. 여자들은 열두 번도 더 가까웠다 멀었다 변덕을 부리지만 이제 더 가까워질 것도 멀어질 것도 없이 언제든 손을 뻗으면 거기 그 자리에 있는, 있어주는 것이 친구다.

돌이켜 보면 일생 동안 하나님은 나의 친구이자 매니저이셨다. 꼭 필요할 때 필요한 대로 내게 친구를 예비해 두고 계셨다. 나이 탓인지 나는 이 3집을 쓰면서 자주 앓았다. 그때마다 죽이다 반찬이다 친구들이 번갈아 날랐다. 아래층에 자식이 있어도 어림도 없다. 엄마 친구들 덕분에 오히려 지네들이 나한테서 잘 얻어먹는다. 옷가게 하는 교인 권사님이 자기가 숱한 친구들을 보아 왔지만 김 권사님 친구들은 참 별나다며 부럽단다. 나는 이렇게 말한다. 하나님 보시기에 내가 얼마나 안쓰러우셨으면 그러시겠느냐고. 딸이라도 하나 있기를 하나, 사람이 엽렵하기를 하나…… (웃음) 정말 내가 생각해도 나는 이날 입때껏 친구복 하나는 타고난 사람이라 자인한다.

부모 형제는 위로부터 주어진 관계지만 그 외 인연은 모두 내가 선택한 관계다. 우리는 지금껏 그렇게 생각해왔다. 그러나 엄밀히 따지고 보면 그 어느 쪽도 다 주어진 인연임에 틀림없다. 왜냐하면 관계는 곧 생명이요 생명은 바로 한 분이 주관하시기 때문이다.

인간은 모든 관계에 의무를 진다. 어떤 관계라고 소홀해도 된다는 법은 없다. 그런데 우리는 그동안 받는 필요엔 발 빨랐으면서 주는 의무엔 너무 소홀하지 않았나 되돌아본다.

여기 슬픈 소식 하나. 내가 이 3집을 쓰는 동안 나의 가장 사랑하는 친구를 하늘나라로 보냈다. 전혀 예기치도 짐작도 못했던, 그야말로 밤새 안녕하시질 못한 것이다. 일을 한다는 핑계로 여느 때처럼 자주 연락도 못하다가 인사도 없이 외롭게, 너무 외롭게 보내고 말았다. 사람들은 죽음복을 타고 난 복인이라고 듣기 좋게 말하지만 나는 무슨 말도 위로가 안 된다. 하나님은 친구 문제에 관한 한 내게 그토록 후하셨으면서 왜 그 대목에서만은 아무 싸인도 없이 나를 그토록 당황하게 만드셨는지, 한창 건방을 떨다가 갑자기 한 방 얻어맞고 보니 유구무언이다. 평소에 친구를 잘 챙기지 못한 후회를 내게 안겨 남은 사람들껜 그리 말도록 경고하신 거라 돌리면 아귀가 맞는다. 물론 친구가 무슨 도우미나 간병사처럼 결코 수발을 위해 필요한 존재는 아니다. 이해하고 아끼고 무엇보다 상대의 존재 가치를 인정해주는 것이 친구다.

나는 누구보다 내 인생에 가장 귀한 친구를 알아보지 못한 어리석은 회한에 빠져 있는 사람이다. 남편 이야기다. 나는 나를 이해할 줄도 아낄 줄도 모르는 가부장적 남편에 대한 불만으로 한 세상 살아왔으나 그이는 이 세상 그 누구보다 나를 인정해 주는 사람이었다. 그이는 곧잘 "당신 참 대단해"라고 입버릇처럼 말했다. 미안하다, 고맙다는 말 한 마디만 해도 세상이 어떻게 잘못되는 줄 아는 사람이 어찌 그런 말은 그리 쉽게 하는지, 내가 어리둥절할 만큼. 물론 그것이 입에 발린 말도 아니요 무슨 작전도 아니라는 걸 나도 안다.

언젠가 그이가 느닷없이 자못 진지하게 이렇게 말하는 것이었다. 평소에 제법 괜찮다 싶은 사람도 막상 제 이해利害문제에 부딪히면 예외 없이 자기 논리를 뒤집기 일쑤인데 나는 안 그런다나. 나는 아무리 불리해도 일관되게 자신에게도 같은 논리를 적용하는— 지금껏 자기가 보아온 사람 중에 단 한 사람이란다.

나는 갑자기 당황하고 민망해서 짐짓 넉살스레 화답했다.

"허이구, 황송해라! 고맙게도 제 눈에 안경이지 뭐유?"

그이가 지금 무슨 말을 하고 있는지는 물론 나만이 알고 있다. 다른 누군가가 나를 그이만큼 알 수도 없으려니와 그렇다고 누가 그 같은 생각을 해주겠는가 말이다. 그이야말로 내게 제대로 된 친구였건만 나는 그에 무심했었다. 내가 그이의 무엇을 그리 인정해 주었던가. 당신 같은 효심과 우애는 이 세상에서 단 하나뿐일 거라 빈정대긴 했어도 나는 그리 착한 사람을 충심衷心으로 존경해 주지 못했다. 그런 속물을 그이는 에누리 없이 흐뭇— 자랑스러워했다. 그것이 바로 진짜 친구인 거라고 나는 지금 정의定義한다. 겉으로 살갑게 굴지 않더라도 그 사람의 진가眞價를 가식 없이 알아주는 것보다 더 귀한 것이 무엇이겠는가. 사람은 비록 저를 위해 많이 베풀어준 사람을 위해선 그리 못할지라도 저를 인정해 주는 사람을 위해선 목숨까지도 내놓을 수 있는 존재인 것을……

아마도 이 땅에선 그 어떤 관계도 나중에 후회 없는 완벽한 관계는 없는가 보다.

친구란 인디언들 말로 "내 짐(또는 슬픔)을 자기 등에 대신 지고 가는 자"란 뜻이란다.

내가 좋아하는 찬송이다.

내 진실하신 친구여 큰 은혜 내려 주사
날 항상 보호하시고 내 방패 되옵소서.
주 내 맘에 늘 계시고 나 주의 안에 있어
저 포도 비유 같으니 참 좋은 나의 친구……

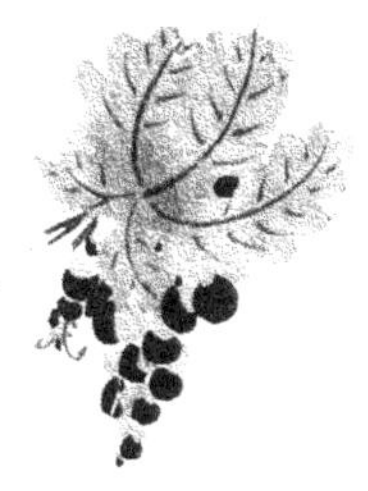

정의定義 놀이

어렸을 때 놀이 중에 끝말 따라하기가 있었다. 나는 그 리듬이 신나서 있는 대로 씨부렁거리고 다녔다.

리 리 릿자로 끝나는 말은

괴나리 보따리 댑싸리 소쿠리 유-리 항아리

꾀꼬리 목소리 개나리 울타리 오-리 한 마리

미나리 회초리 삼거리 종소리 우-리 성진리……

(성진리는 우리 동네 이름이다.)

끝말 이어가기 게임도 많이 했다. 하늘, 선녀, 달걀, 성냥이나 선생님, 안녕, 대관령, 숭늉 등 상대를 꼼짝없이 몰아붙였을 때 그 기분은 참으로 꿀맛이었다. 그쯤 되면 대부분 맞춤법을 무시하고 우김질이 시작된다.

또 재미있었던 것은 "무엇은 무엇으로 푼다"는 놀이였다. 가령, 우리나라 삼천리는 자전거로 푼다. 뭐 그런 거였다. 말도 안 되는 말로 제멋대로 찍어다 붙이는 게 재미있고 그게 썩 그럴싸했다. 내가 좀 익살스러운 데가 있는 것도 아마 그런 영향도 있을 것이다.

글을 쓰면서 나는 또 '정의定義놀이'에 재미를 붙였다.

산다는 것은
웅덩이에 빠져도 가시엉겅퀴에 걸려도
무거운 짐 등에 지고 앞으로 앞으로만 나아가는 것—

늙는다는 것은
며느리가 시어미 흉을 보다가 보다가
어느 새 저도 똑 닮은 시어미가 되어 있는 것—

그러니까 나의 문투가 다분히 그런 식이다. 특히 아무데나 끼적인 낙서가 더욱 그렇다.

여기 낙서 한 토막을 옮겨 본다.

＊　　　＊　　　＊

오늘 크리스천들은 세상과 타협하는 것이 관용이요 사랑이라며 자기합리화에 바쁘다. 그것이 바로 타락인 거라면 아마 펄쩍 뛰겠지.

타락은 반드시 환락가나 도박판을 넘나들며 못된 짓을 해서만이 아니다. 삼강오륜을 범한 패륜을 해서만도 아니다. 성폭력, 흉악범이 겁박하는 것만도 아니다.

예수님은 '너희가 피리를 불어도 춤추지 않고 애곡하여도 울지 않는다'고 탄식하셨다. 누군가 곁에서 기뻐할 때 함께 기뻐해주지도, 슬플 때 함께 울어주지도 못 하는— 분위기에 합당한 정감을 일탈한 것도 분명 타락이다.

옳고 바른 것을 지향하지도, 선을 추구하지도, 악을 배척하지도 못하면서 아무 것이나 무분별하게 제 필요대로만 점검 없이 받아들이는 것, 그것이 타락이다. 눈은 진실을 외면하고 귀는 저만 즐겁게 하는 이단사설을 끌어들이며 입은 양심을 누르고 모함과 아첨만 일삼는, 그것이 바로 타락이란 말이다.

*   *   *

그런 맥락에서 오늘은 요즘 분분한 언어의 타락에 대해 생각해보기로 한다.

앞의 타락의 정의대로, 살벌하고 끔찍한 언어의 폭력성은 두 말 할 나위도 없거니와, 현대인의 무례하고 당돌하고 시건방진 어풍은 그대로 현 사회상을 적나라하게 잘 나타내고 있다. 역시 사회의 타락은 언어의 타락에서 비롯된다 하지 않을 수 없다. 때로 말잔치만 무성하고 실체가 모호하거나 진리와 정의를 오염시키고 헷갈리게 하는 소피즘(궤변) 등 보다 깊숙한 해부는 잠시 젖혀두고, 오늘은 아주 단순한 일반 소시민의 사회풍조를 들여다보기로 한다.

그러면 먼저 시류에 떠내려가는 유행어부터 살펴보자. 요즘 유행어의 특징의 하나가 주로 준말(줄인말)인 것 같다. 가령 차도남(차가운 도시 남자) 지못미(지켜주지 못해 미안해) 등 공감은커녕 아무 의미도 필요도 없는 그런 신조어를 어쩌자고 무진장 쏟아내는지 나는 어리둥절하기만 하다. 더욱 알 수 없는 건 그런 데 기를 쓰고 합류하는 자신을 마치 패셔너블한 양 착각하는 사람들이다. 물론 모든 유행어가 다 그렇다는 말은 아니다. 유머러스하고 재미있는 것도 얼마든지 많다. 한동안 전직 대통령의 "맞고요!"하는 말이 유행했었다. 얼마나 애교스럽고 따뜻한가.

그런데 여기 참으로 딱한 사연이 있다.

자주 연락하는 친구가 왠지 며칠째 잠잠했다. 문득 궁금해진 나는 그녀에게 전화를 걸었다. 저쪽의 대꾸가 심상찮았다. 목소리는 축 처졌고 만사가 귀찮은 듯했다. 나는 가슴이 철렁했다.

"왜? 무슨 일 있어?"

"일은…… 후우—"

"얘, 얘, 말해봐. 무슨 일인데?"

"나중에……"

그녀는 그냥 전화를 끊었다. 진정 아무 얘기도 하고 싶지 않다는 투였다. 나는 그녀가 혹시 건강검진에서 안 좋은 거라도 나왔나 싶어 부리나케 다시 재다이얼을 눌렀다. 억지로 얘기를 시켜놓고 보니, 주여……

그녀는 며칠 전 아들과 전화 중에 뭐가 못마땅했던지 아들이 대뜸 "됐고—" 하며 화제를 바꾸더란다. 어른이 얘기하시는데 뭐? 됐고? …… 그녀는 하도 기가 막혀 하늘이 노오랬다. 바르르 떨고 있었다. 그 말을 듣는 나도 뭔가 우욱— 하고 치밀어 올라오는데 그녀야 오죽했을꼬. 아들이 사춘기 청소년이라면 또 모를까 한참 어른인데야. 그래서 더욱 그녀의 입맛이 쓸 것이었다. 무엇보다 그녀가 견딜 수 없었던 건 행여 누가 알세라 창피하다는 생각뿐이었다. 자신은 분명 자식을 그리 키우지 않았다고 여겨왔는데 그게 바로 제 아들이라니 차마 어디에 대고 하소연도 못 하고 끙끙 앓았다. 며칠째 잠을 한 숨도 못 잤노라 했다. 나는 그 심정 알고도 남을 것 같았다. 그러나 어떻게든 일단 수습을 해야 했다.

나는 깔깔깔…… 짐짓 한바탕 크게 웃어댔다.

"얘! 하하…… 얘, 그건 요즘 애들 유행어야. 난 또 뭐라고……"

"뭐? 유행어?"

그녀의 소리가 팍 튄다.

"그래애. 요즘 애들 걸핏하면 됐고— 됐고— 하는 거 몰라? 어휴, 일도 없다. 뭘 그리 예민해?"

"……그래?"

저쪽의 소리가 멍— 하니 얽힌다.

"얘! 누가 왔나보다. 끊어."

때마침 울려주는 초인종 소리가 나를 구해주었다. 나도 같은 어미로서 친구의 아픔이 너무 민망했기에 처신하기가 힘이 들었던 것이다. 못된 녀석들 같으니라구…… 차라리 그럴 때 "맞고요!" 하고 재치있게 화제를 바꿀 것이지. 아니, 퉁명스럽게 "알았어" 정도라도 좋았을 것이다. 요즘 시류가 그러니 신세대가 어떻게 나와도 구세대는 알아서 소화해야 한다고? 아니다. 어느 쪽이든 그렇게 생각하는 그 발상 자체가 바로 타락인 거라고 나는 지금 말하고 있다. 폐일언하고, 그것은 어릴 때 끝말 따라하기대로 그냥 영락없는 '싸가지가 바가지'일 뿐이다. 아무리 유행어 아니라 유행어 할애비라도 따라할 것이 있고 안 할 것이 있지.

여기까지로 혹자는 나더러 중세에서 타임머신을 타고 날아왔느냐고 코웃음을 칠지 모르겠다. 그것이 지금 나의 가장 서글픈 고민이다. 확언하건대, 설사 인간이 시방 요대로 달나라에 옮겨 산다 해도 인간은 인간이며 만년 후라도 인간은 인간에서 벗어날 수는 없다는 사실이다. 윤리, 도덕은 결코 공자·맹자의 전유물이 아니란 말이다.

누군가 현대 기독교가 유교, 불교 때문에 힘이 든다고 말한 것을 받아 어느 목사님이 단호하게 이렇게 말했다.

"나는 유교, 불교 때문에 오히려 기독교가 그만큼 더 쉬워졌다고 말하고 싶다. 기독교는 그들이 다져놓은 윤리와 도덕 위에 참 창조주가 누구이며 왜 그분을 섬겨야 하는지만 가르치면 되기 때문이다."

뭐니 뭐니 해도 인간은 도덕적 존재다. 아무리 문명이 하늘 끝까지 발달해도 이 사실은 변하지 않으며 변할 수도 없는 것이다.

또 하나, 요즘 사람들은 말을 입에 씹히는 대로 내뱉는다. 있는 대로 쏟아놓고 자신은 솔직한 게 장점이라고 자찬한다. 날로 교육 수준은 높아져 가는데 어쩌자고 제가 사용하고 있는 어휘의 뜻도 모르는 행태들이 그리 난무하는지 알다가도 모를 일이다.

당연히 언어도 행동처럼 취사선택이 필수적이다. 직선적, 직설적이란 단어를 곡해하는 사람이 의외로 많은데 단도직입, 솔직이란 단어는 결코 불문곡직하고 무례, 방자하다는 뜻이 아니다. 제 맘 내키는 대로 내뱉는 게 솔직이 아니란 말이다.

에두를 것 없이 쉽게 말해보자. 어느 교회의 병원 심방때의 일이다. 어느 푼수가 환자가 다 듣게 큰 소리로 이렇게 말했다.

"나 이 병에 산 사람 한 사람도 못 봤다."

설사 그것이 아무리 사실이라 하더라도 그게 솔직인가? 그래, 그 말을 해주자고 심방에 따라 나섰단 말인가? 흔히들, 나는 없는 말 안 했으니 잘못이 없다고 큰소리친다. 그래, 있는 것은 꼭 본 대로 들은 대로 다 말해야 하는가. 그것이 정직인가?

그렇다. 지극히 쉬운 것 같으면서도 세상에서 가장 어려운 것이 과연 어디까지가 시是요 어디까지가 비非냐를 가름하는 것이겠다. 이 한계를 두고 전혀 고민하지 않는 사회가 바로 타락한 사회라고 다시 정의할까.

아담아,
네가
　　어디
　　있느냐

　　아무래도 나는 큰 사람은 못 된 졸물인가 보다. 가만히 있으면 중中이나 갈 걸 공연히 밑천 자랑하고 있는 건 아닐는지. 그러나 설사 떨어지는 벼락 쫓아가서 맞는 꼴이 되더라도 한번 발가벗어봐야 직성이 풀리겠다.

　　하나. 애들이 어렸을 때, (아마 아직 유치원에도 가지 않았을) 어느 날 나가 놀던 막내가 아무개가 때렸다며 징징 울고 들어왔다. 둘째도 함께였다. 애들이야 때리고 맞는 게 크는 거름이라지만 곁에 서 있는 형을 보니 나는 불현듯 울화가 치밀었다. 참으로 맹랑한 일이었다. 때린 놈에 대한 미움이 아니라 아무렇지 않게 멍청히 서 있는 형놈이 미워진 것이다.

　　"넌 어디서 뭐 했는데?"

　　벼락같이 나는 소리를 질렀다. 형이 깜짝 놀라 움찔했다. 그

때렸다는 애는 물론 형도 상대가 안 될 큰 애였지만 상황이야 어쨌든 동생이 맞는데 형이면 당연히 같이 맞더라도 그놈을 붙들고 뒹굴었어야 하는 거 아니냐고.

'저 녀석은 제 동생이야 어떻게 되건 말건 저만 안전하면 된다는 이기주의자?……'

나는 그때처럼 제 아들이 미워본 적이 없었다. 울던 막내조차 겁에 질려 울음을 뚝 그칠 만큼 나는 머리끝까지 열이 뻗쳐있었다. 나는 그 후 둘째가 혹시라도 좀 그렇지 않을까 늘 걱정이었는데 지금은 너무 물러서 걸핏하면 아무 때나 맨 먼저 주머니에 손이 잘 들어가서 오히려 주의를 준다. 저 사는 덴 그리 좋은 현상은 아니지만 그때의 엄마의 염려를 불식시켜 줘서 고맙고 사랑스럽기 그지없다.

아무리 남들과는 잘 지내지만 제 형제끼리는 부라퀴들마냥 서로 못 먹어 으르렁거리는 사람들, 나는 별로 신뢰하지 않는다.(물론 제 식구 외엔 한 번도 밖에 눈 돌릴 줄 모르는 사람도 문제지만……) 내 아는 누구는 병든 노모는 골방에 처박아 놓고 봉사한답시고 날마다 집을 비운다. 제 시어머니가 싫어서 봉사 나가는 것이다. 아무리 남의 사정은 모른다지만 천하 없는 사정이라도 그건 아니잖을까 싶다.

하나. 오래전에 동창 신우회에서 후배들을 위해 장학 기금 모금을 한 적이 있었다. 우리 어려웠던 시절을 돌아보며 만 원이라도 좋으니 동참하자는 호소에 많은 사람이 참여했다. 그런데 막상 할 만한 사람이 오불관언이어서 몹시 서운했다. 무슨 일에나 이런 사람이 있는가 하면 저런 사람도 있게 마련이지만 내가 한 가지 이해할 수 없는 것은 본능적인 것에조차 전혀 냉담한 사람이다. 제 후배 중에서 스타가 나왔다는데, 올림픽 금메달리스트가 나왔다는데 그래 무지 기분이 나쁜 사람도 있을까?

친구 딸이 학생대표로 불법으로 북한에 다녀와서 감옥에 들어가 세상을 떠들썩하게 한 사건이 있었다. 우리 신우회에서 위로 심방을 했는데 동참하지 않은 것까지야 좋다. 내가 당황했던 건, 그래 그걸 굳이 찢고 밟릴 필요까지 있었을까 하는 것이다. 언제부터 그리도 애국자였다고, 정말 친구로서, 같은 부모로서 환멸을 느꼈다.

우리 교회엔 여학교 후배가 몇 사람 있다. 취향도 성품도 다르지만 그래도 선배랍시고 내게 깍듯이 잘 대한다. 그들보다 실제로 더 가깝고 친한 교인이 얼마든지 있지만 그래도 나는 그들의 가정사엔 남보다 더 섭섭잖게 인사를 차린다. 그래야 내 맘이 편하다.

하나. 영호남 갈등은 실로 역사적·국민적 오욕이었다. 오랜 세월 호남 사람들이 얼마나 울분을 씹고 살아왔는지 타 지역 사람은 그저 짐작만 할 뿐 실감은 못 할 것이다. 호남 출신이 유독 법조계 진출이 많은 것은 달리 출구가 없었던 탓이다. 그나마 판검사는 쌀에 뉘요 누구도 강자에 빌붙지 않으면 살아남지 못했다. 한

동안 웃지 못 할 현상은 영호남 부부 가정의 이혼 소동이었다. 호남 여성은 전통적으로 순종형이다. 그저 남편 하자는 대로 잘 살던 여자들이 선거철이 되자 갑자기 돌변했다. 당연히 남편을 따라 여당 후보를 찍을 줄 알았던 여자들이 그것만은 못 하겠노라 튄 것이다. 당신은 내가 아뭇소리 않고 살아주니까 그냥 치마저고리로밖에 안 보이느냐. 차라리 이혼하자고 덤볐다. 남편은 기가 찼다. 허— (전라도 여자들이 얼마나 독종인지 몰랐지라우. 반골 후예 아닌교.)

이에 비해, 이상하게도 친구들 중엔 만년 여당을 지지하는 사람이 있었다. 그야 누가 누구를 지지하건 자유라면 그만이지만 졸물 근성의 발로인지 나는 그 친구가 딱 보기도 싫어질 때가 있었다. 나는 지금 결코 단순한 지역감정을 얘기하고 있는 게 아니다. 저들이 무슨 짓을 어떻게 해 왔는지는 역사적 기록에 있는 사실이요, 여기 운위하는 것조차 새삼스러운 노릇이다. 나는 입버릇처럼 말한다. 불의에, 부조리에, 악에 저항할 줄 모르는 사람은 이미 인간이기를 포기한 사람이라고. 더더욱 그 억울한 피해자가 자기 혈족, 자기 친지들인데야……

아, 참! 좋은 예가 있다. 일제 때 독립운동가를 고자질 하는 것을 직업으로 삼는 일본 경찰 앞잡이가 있었다. 하루는 일본 형사가 보다 못해 무슨 핑계를 잡아 그 앞잡이를 안 죽을 만큼 실컷 패주었다.

'나쁜 놈! 어디 할 짓이 없어 제 동포를 고자질해 죽음으로 몰

아넣어?'

　과연 인생 도처에 유청산이었다. 깨어 살아 있는 혼의 사람은 어디에나 있는 법이다.

　우애심, 애교심, 애향심……도 없는 사람이 애국을 부르짖다니 소가 웃겠다. 왜, 만민평화주의, 박애주의자가 아니고? 지금이 어느 세상인데 적어도 세계화 국제화쯤 논해야 도량 있고 스케일이 큰 사람이라고 떠벌리는 사람을 나는 경계한다. 자존감도 없는 사람이 외치는 것이 세계화일 수는 없는 것 아닌가. 카프카는 말했다. 존재한다는 것은 거기에 속한다는 것이라고. 자신은 그 존재의 영점에로 유배당한 인간이라고 자탄했다. 제게 소속이 있다는 게 얼마나 행운인가. 되풀이하건대, 저의 작은 소속에도 애착과 의무를 느끼지 못한 사람이 마치 인류를 구원이라도 할 것처럼 떠드는 건 넌센스다. 그것은 언제나 저 편할 대로만 사는 사람들의 구호일 뿐이다.

　이 소속감이 투철하지 못한 부류 중에서 가장 한심한 쪽이 소위 종교인이다. 특히 크리스천이란 사람들은 세상과 전혀 차별은커녕 구별도 안 되고 있으니 말이다. 십자가 목걸이 반지는 애용하지만, 아쉬우면 달라고 기도는 잘하지만, 무늬는 그럴싸한데 아무도 나를 보고 따르는 자가 없으니 안됐다. 언필칭 천국 백성이라면서 매양 치매 환자처럼 자신의 소속도 모르고 어리바리하여 세상 물결 속에 탐닉되어 있으니 어찌 그 소속체가 나를 보호해줄 것인가.

사람은 누구나 찬란해 보이는 저곳을 동경하기 일쑤다. 그런데 저곳에서 보기는 이곳이 또한 그런 곳이란 걸 우리는 간과할 때가 있다. 더더욱 중요한 것은, 이곳이 바로 하나님께서 내게 봉사를 요구하시는 곳이란 것이다.

아담아, 네가 어디 있느냐. —창 3:9

물론 지금 내가 있는 이곳이 과연 내가 있어야 할 곳인지 아닌지는 반드시 점검해야 한다. 그러나 정녕 이곳이 내게 주어진 곳이라면 오늘 내가 여기 존재하고 있으매 내가 속한 곳(대상)을 전심으로 사랑할지니라!

껍질을
　　　깨고

세상에 많고 많은 70억 인구 중에서 나와 똑같은 사람이 단 하나도 없다는 사실은 조물주의 능력의 표징으로서 바로 신비 그 자체가 아닐 수 없다. 사람은 서로 다르므로 아웅다웅하지만, 그래서 세상이 이만큼 균형의 축을 유지하고 있는 게 아닌가 싶다. 만약 모두가 같은 취향, 같은 생각이라면 퍽도 수월할 것 같지만 꼭 그렇지만도 않을 것은 자명하다. 하나님께선 그 모든 같지 않음을 통해 영광 받으시길 계획하셨다는 것에 나는 천만다행한 은혜라는 생각을 하게 된다.

나는 지금껏 '난 왜 다른 사람들 같지 않고 늘 좀 엉뚱할까' 괴로워한 적도 많았지만 이내 그것이 바로 '나' 자신이라고 결론짓고 그냥 생긴 대로 순종하기로 하고 살고 있다. 그것이 정녕 지으신 이의 목적이실 거라 편하게 믿으며. 그러니까 나를 받치고 있는 사상의 주체는 바로 이 '생긴 대로'의 철학이다.

만약 어린아이들에게 5만 원짜리 한 장씩을 나누어주면서 갖고 싶은 걸 맘대로 한번 사보라고 한다면? 아니, 어른들에게 지금 당장 1억 원의 공돈이 생겼다면? 우선 각자 형편과 처지가 다르기도 하지만 취미도 취향도 소원도 모두 같을 수는 없다는 건 새삼스러운 이야기다. 누가 내게 그래, 넌 그것으로 무슨 일을 하고 싶으냐고 묻는다면 나는 평소의 포부대로 이렇게 토로할 것이다. 자기 자신과의 싸움에서 피투성이가 되어 있는 사람부터 구하겠다고. 물론 당장 빵이 없어 죽어가는 사람도 시급하지만 나는 가급적 그 쪽은 다른 사람에게 맡기겠다. 왜냐하면 대부분의 사람들이 화급히 그 쪽으로 달려갈 테니까. 하지만 사람들은 내가 관심하는 쪽은 그다지 우선순위에 두지 않는 것 같다. 그런데 나는 왜 그쪽이 그리도 신경이 쓰이는지 모르겠다.

사람이 가장 힘든 것은 자기 자신과의 싸움이다. 좀 심한 표현일는지 모르지만, 스스로 부끄러워할 줄도 아파할 줄도 모르는 사람은 도울 필요도 없다는 게 나의 지론이다. 생명이 살고 죽는 것은 마찬가지인데 짐승이나 사람의 생사가 똑같다고 말하지 못하는 이유는 무엇일까? 또 좀 엉뚱하지만 이 난해하고 심오한 문제의 해답을 셰익스피어의 비극에서 찾아보기로 한다.

우리가 잘 아는 〈로미오와 줄리엣〉은 그들이 비록 명문가의 엘리트들이지만 셰익스피어의 5대 비극의 주인공들 중에선 신분이 가장 낮은 사람들인 셈이다.(이 대목을 각별히 주목해주기 바란다.)
거지가 깡통 두들기며 걸식하고 다니는 건 행운은 아니지만 그렇
다고 그것을 꼭 비극이라 할 수는 없다. 옛날에 김삿갓 등 결코 불
행하지 않은 여러 낭인浪人들도 얼마든지 있었다. 그러나 불의의
재난이나 악마의 궤계詭計에 유린된 불가항력적 상황에서의 의식
의 갈등만큼 참담한 비극은 아마 세상에 다시없을 것이다. 그래서
셰익스피어는 짐짓 주인공들을 그렇게 설정하지 않았을까? 일반
서민도 얼마든지 당하고 사는 일인데도 하나같이 높은 위상의 신
분들로 말이다. 감당할 수 없는 좌절이나 상실감, 억울한 패배……
등 그들의 신분을 급강하시킴으로 극적 효과의 극대화를 꾀했다
는 건 다시 말해 곧 그들의 심적 고통의 극대화를 의미한다. 사람
들은 그것을 '비극'이라 명명했다.

자, 이 참담한 자기갈등의 시간을 너무 오래 두어 회생이 불가
능하도록 질식시켜선 안 된다는 게 내가 말하고자 하는 본론이다.
앞에 〈하나님은 무엇을 기다리고 계시나〉에서도 언급했지만 이쯤
에서 올곧게, 순전하게, 비로소 사랑스런 하나님의 사람으로 부활
하기를 하나님이 기다리고 계시기 때문에 저들을 반드시 살려내
야 한다는 것이다. 사람은 한 순간을 살아도 '답게' 살아야 하며,
혹 여태껏 그리 못 살았을진대 '그렇게 살도록' 살려내야 한다. 이
것은 모든 구원의 명분이 되겠지만 스스로 아파하며 살아온 사람
은 그만큼 '답게' 살 수 있는 확률이 높겠기에 나는 그쪽부터 살리

자는 것이라면 조금은 이해가 될는지……?

좀 특별한 한 친구를 소개하자고 너무 긴 서론을 깔았나 보다. 그녀는 50년대 어려운 한국 땅 한 중소도시에서 첫 번째로 손꼽는 부잣집 딸이었다. 게다가 그 후진한 세대에 우리 친구들 중 유일하게 명문대학 대학원 출신의 엘리트였다. 학교 졸업 후 모교에서 교편을 잡기도 했지만 어찌어찌 하다 그만 오랜 풍상 속에 무의탁 독거노인이 되고만 것이다. 아무리 자식 소용없다는 세상이지만 앞에서 알씬거리는 애물단지 자식이라도 하나쯤 있어줬으면 보기에도 좀 덜 딱할 것 같다. 전에 고생했더라도 자식 잘 둬서 기가 팔랑한 사람이 어디 한둘인가.

30년 동안 친구들끼리 모이고 있는 신우회에 나는 이 문제를 내놓았다. 격려 차원에서도 우리가 이대로 있어선 안 되잖겠느냐고, 노인정에서 일본어도 가르치고 소일거리야 그렇다지만 수입원이 없는 데야 뻔한 것 아닌가. 한구석에선, 정부 보조도 있고 형제도 다 잘 사는데…… 구시렁거렸다.

"거 꼭 유치원생 같은 소리 할 거야? 흥, 그대들은 형제를 얼마나 그리 알뜰히 잘 보살피고 있는데? 남의 말이라고 쉽게 하지 말라구. 난 지금 누굴 돕자는 게 아니야. 우리가 얼마를 내놓아도 그 친구의 어려움은 해결되지 않아요."

정말이지 나는 그 친구가 그렇게 고맙고 예쁠 수가 없다. 위

인전에 나온 그 누구보다 훌륭한 사람이라고 칭찬, 아니 포상이라도 하고픈 심정이다. 앞에 셰익스피어의 비극 이야기를 했지만 그녀의 옛날을 한번 돌아보자. 왕이나 대장군은 아니더라도 그녀라고 어찌 자기갈등이나 비탄이 없었겠는가. 그런데 그녀는 한 번도 "Why me?"를 내뱉지 않았다. 다른 사람 같으면 진작 은둔 칩거해 버려서 지금쯤 살았는지 죽었는지도 잘 모를 것이다. 그런데 그녀는 정말 딱 정부 보조로만 살면서도 누가 만나자면 흠쾌히 나타났다. 그녀는 어디서나, 누구에게나 자유하고 떳떳한 것이다. 와아! 나는 이렇듯 대단한 사람을 여태까지 본 적이 없다. 몇몇 괜찮은 남자 문인 친구들은 있었지만 특히 속성상 여성은 그게 어림없는데 말이다. 역시 그녀는 제대로 많이 배운 사람이었다. 이것이 바로 기독교 사상이요 그녀는 크리스천이다.

사람이 걸핏하면 남을 원망하고 쉽게 실망하고 또 절망하고 심지어 자살까지 감행한 것을, 순진하고 심약하고 아니면 마귀의 시험 탓이라고 아무리 그럴싸한 이유를 골라 붙여도 한마디로 그것은 교만 때문이라는 게 보다 논리적이다. 제가 뭔데 저는 나쁜 상황은 절대 안 된다는 것인가. 사람은 누구나 당한 형편대로 이겨내야, 살아내야 하는 존재라는 걸 수용하는 사람에게만 내일이 허락된 것이란다.

그녀가 유별나게 피땀 흘려 고생한 것도 아니요, 남보다 더 모질게 울부짖으며 갈등할 필요 없이 하나님의 특별한 은총으로 그런 경지에 이른 것을 나는 감사하며 맘껏 치하하고 싶다. 그러니까 천행으로 그녀는 인간을 감싸고 있는 껍데기(조건)가 아무것도 아니란 걸 위인들처럼 일찌감치 터득한 것이다. 그리고 그 안의 알맹이인 자신이 비록 하잘것없더라도 창조주가 허락한 삶을 누리고 살아야 할 자격이, 의무가 있다는 걸 감사함으로 받아들였으니 내가 곳곳에서 진리 안의 자유함을 역설하고 있는 대로 경이롭게도 그녀는 바로 그 자유인인 것이다. 그녀는 온 세상이 부러워하던 자신의 그 화려한 껍데기가 단숨에 밀물에 산산이 부서지는 걸 몸소 체험했다. 그리고 시방 가눌 수 없는 이 아픔도 머잖아 썰물에 쓸려가리란 것도 알았다. 다만 그럴수록, 할 수만 있다면, 매끄럽고 아름다운 조약돌 되어 기왕이면 운치 있는 이 해변에 남으리라 소망했다. 그래서 하나님의 사랑을 더 받을 수만 있다면 그것도 나쁘진 않겠다고 마음을 다잡은 것이다.

그녀는 우리가 준 그 돈으로 고마워 맨 먼저 한 걸음에 책방으로 달려가 보고 싶은 책을 샀노라 했다. (오, 주여…) 아마 이 소리를 들은 누구는 그렇게 철딱서니가 없으니 그 모양 그 꼴이라고 당장 씹을 것이다. 이것이 바로 그녀와 다른 친구들의 차이다. 아아니 그래, 어째서 그 돈으로 쌀을 사면 괜찮고 책을 사면 안 된다는 것인가.(사람이 꼭 밥을 못 먹어서 죽는 것만은 아니라고 했겠다.) 또 요설이 되겠지만, 라 로슈프코가 말했던가. 우리는 누구를 도우려고 하지만 그가 거실에 괘종을 걸어놓는 걸 원치 않는다고. 이 말의 해석은 각자에게 맡기겠으나 오늘 사람들은 무슨 일을 너무 기분으로 하는 경향이 있다. 도움은 결코 돕는 자의 만족을 위해서가 아니요, 받는 자에게 진정 유익이 되는 것이라야 할 것이다. 다행히도 그녀는 이미 번데기로부터 나비 되어 날았기에 망정이지, "꽃으로도 때리지 말라"는 충고가 새삼 아프게 와 닿는다. '미운 오리새끼'가 그냥 짠하기만 하다.

하이,
히틀러!

내가 아는 분 중엔 너무 점잖으셔서 농담이 영 안 통하는 분
이 있다. 가벼운 농담이라도 정색하고 받아들이니 모두 웃음판이
벌어진다. 그분은 말 그대로 충청도 양반이지만 설마 충청도 사람
이라고 모두 그럴까 싶진 않다. 요즘은 짐짓 코믹 연기로 살 맛을
돋구는 세상이지만 전부터도 우리 고장 사람들은 농담이나 짓궂
게 놀려대기로 하루 종일 힘든 일을 하고도 힘든 줄 모르는 비결
로 삼는 것 같았다. 일꾼들의 저녁 사랑방에선 언제나 웃음판이
벌어지곤 했다. 그래선지 나도 성격이 그리 상냥한 편은 못 되지만
실없는 농이 몸에 배어있다. 굼벵이도 뒹구는 재주라고, 떨떠름한
분위기를 흐트러놓는 일은 잘한다.

우리 집 창밖은 좁은 골목인데 공원 바로 옆이라선지 늘 왁자
지껄…… 사람 사는 맛이 난다. 어느 날, 아쉬운 일이 있었던지 아

들이 며느리를 어르느라 뭔가 솔깃한 제안을 하는가 보았다. 바로 그때 느닷없이 어린 손주놈이 "뻥이요!"하고 크게 소리를 질렀다. 아이의 하는 짓이 너무 귀여워 우리는 배꼽을 쥐었다. 그러자 곧바로 이어 밖에서 뻥튀기가 뻥— 한 것이다. 그러니까 아이는 엄마 아빠의 대화 내용과는 상관없이 그냥 바깥 풍경에 맞춘 것이었는데 거 타이밍 한번 절묘했다. 나는 정말 배가 아플 만큼 웃어댔다.

"그러게…… 사람이…… 진실성 있는 말을 해야지 그렇게 얼렁뚱땅 때우려니까 어떻게 저 사람들이 그걸 알고 하필 그때 뻥—하겠니?"

또 모두 데굴데굴 굴렀다. 유쾌한 순간이었다.

내 성격이 상냥하지 못하다는 직고대로 특히 나는 사람을 만나면 호들갑스런 친절을 보이지 못하는 게 약점이다. 나도 이 점만은 꼭 고쳐야 한다면서도 여전히 생긴 대로 살고 있다. 그래도 여럿이 함께 있는 자리면 고작 바른손을 가볍게 들며 "하이, 히틀러!"로 정표를 보낸다. 고맙게도 모두는 양해하며 반가워해 준다. 만약 어쩌다 "하이, 히틀러!"를 큰 소리로 하면 많이 반갑다는 넉살로 통한다. 이렇듯 재미없는 내가 그래도 여러 사람들과 그럭저럭 어울릴 수 있는 건 뚱딴지같은 농담이라도 잘하는 덕분이거니 싶다. 물론 "샬롬!"하면 최상급의 멋진 인사가 되겠지만, 맨 처음 농으로 시작한 게 버릇이 되어 입에 담고 싶지도 않은 그런 인간의 이름을 자주 외우다니 아무리 농이지만 나도 한심하다는 생각이 들 때가 있다.

그런데 오늘은 농이 아니라 이 문제를 한번 진지하게 다뤄보고 싶어졌다.

또 선거철이 됐는지 친朴 반朴으로 온통 나라가 떠들썩한 게 참으로 입맛이 씁쓸하다. 친朴 쪽으로 더 무게가 기우는 것 같고 클로즈업되는 느낌이다. 망각이 자산인 이 백성들을 어찌해야 좋단 말인가. 한때, 이놈의 백성은 독재를 해야지 민주주의는 안 어울린다고 자조하던 피눈물 어린 한탄이 아직도 귀에 생생하다. 그런데 문제는 진짜로 그렇게 생각하는 백성이 적지 않다는 점이다. 마침하고 이승만, 박정희 망령이 한몫 거들고 있다. 그들의 재평가니 동상 건립이니 하며 슬슬 귀신들이 준동하고 있는 것이다. 이승만이 식민지의 황무지로부터 건국을 했고 박정희 덕분에 지금 우리가 이만큼 밥술이라도 먹고 산다고? 얼핏 그럴싸한 말 같지만 그러나 아니다.

사람은 누구나 공功·과過가 있다. 설사 아홉 가지 공에 한 가지 과뿐이라도 그 한 가지가 아홉 가지 공을 다 집어삼키는 과일 수 있고, 비록 아홉 가지 과라도 그 아홉 가지를 다 덮을 수 있는 한 가지 공이 있을 수 있다. 맞다. 혹자는 우리가 여기까지 온 게 바로 그 한 가지 공 때문이 아니냐고 주장하고 싶을는지 모르겠다. 그러나 그 반대다. 그들의 과오는 아홉 가지 공을 다 삼키고 만 치명적 과오이기에 결코 용납할 수 없는 것이다. 과정이야 어쨌거나 결과만 좋으면 좋다는 식의 생각은 바로 마귀적 발상이다. 국민을 잘 살리고 싶지 않은 위정자가 세상에 어디 있다던가. 만약 꼭 그들(李·朴) 식으로 한다면 그보다 훨씬 잘할 사람도 얼마든지 있었다. 그러나 그렇게 못한 게 무능해서가 아니라 그래선 안 되기 때문에 못하고 안 한 것이다.

아, 좋은 예가 있다. 일제 강점기 때 목숨을 건 애국자들은 실로 부지기수였다. 누구도 그들의 애국심을 의심할 여지가 없었건만 무슨 연유인지 (아마도 불가피하고 불가항력적인 사정으로) 결국 일제에 동조함으로 유공자 명단에서 삭제된 아까운 인사도 있음을 우리는 잘 알고 있다. 그럼 국가는 왜 그들을 그렇게 대우할 수밖에 없었을까를 생각해볼 일이다. 누가 누구를 지지하건 반대하건 그야 자유지만 죄 없는 국민의 원한을 불지른 망령들을 다시 모시기엔 이 나라의 민주주의를 그야말로 '이만큼'이나마 지키기 위해 흘린 그 많은 피는 어쩌자는 말인가.

비록 대리일망정 박근혜는 국모의 자리에까지 올랐던 사람이다.(나는 지금 그 몸서리치는 연좌제를 말하는 게 아니다.) 누구의 딸이건 아들이건 엄연히 독립된 개체요 국민이니 얼마든지 국민들로부터 독자적 심판을 받을 수 있다. 부부도 부자·부녀도 대통령이 되는데 누구라고 안 된다는 법이야 있을까만 그래, 박근혜 대세론으로 오랜 세월 취해 있어야 할 만큼 과연 이 나라엔 그렇게도 인물이 없다는 것인가. 아니면 그녀가 그다지도 특출한 걸물이란 말인

가…… 독재자가 영웅 대접을 받는 나라, 아무리 세월이 흘러도 독재의 향수에 설레는 나라가 이 나라 말고 또 어디 있을지 입맛이 쓰디쓰기만 하다. 그야 히틀러도 자국민 중엔 추앙하는 사람이 있을 수 있다면 말은 끝난 거지만 모든 건 언필칭 국익(?)을 위해 소小가 희생되는 게 마땅하다고 길들여진 그 어처구니없는 별난 '한국적 민주주의' 탓일까.

유구한 역사와 전통에 빛나는 '그나라 당'은 장하게도 제2, 제3의 위대한 독재자를 계속 배출했고 한 세기가 다가오도록 이 나라는 그나라당이 맡아야 한다니 대관절 언제까지 옳소! 박수만 치고 있어야 하는가. 무엇보다 궁금하고 이해할 수 없는 것은, 담장 높은 큰 집을 넘나들며 고래고래 악을 쓰던 그 소위 반체제 인사들이 어느 새 그나라당에 들어가서 높은 자리 꿰차고 앉아 "하이, 히틀러!"를 어찌 그리도 잘도 복창하고 있는지, 그놈의 속이 병아리 알 속이랄 밖에.

나는 누구보다 전두환의 덕을 많이 본 사람이다. 당시 과외를 금했기에 우리는 무난히 애들을 대학에 보낼 수 있었으니 말이다. 요즘처럼 사교육이 기승을 부리는 시대였다면 무슨 수로 셋씩이나 원하는 학교에 입학시킬 수 있었겠는가. 내가 지금 "하이, 전두환!"을 소리칠 수 없는 게 유감이다. 나는 광주가 고향인걸. (웃음)

사람이 무엇을 대할 땐 제발 그 뿌리부터 좀 살폈으면 좋겠다.

왜냐하면 그 뿌리를 좇아 열매가 열리기 때문이다. 엉겅퀴에서 어찌 무화과를 따겠느뇨!! ―마 7:16

사랑스런
내   이름

어떻게 된 게 백화점이 연중무휴 세일을 벌인다. 강동에 처음 H백화점이 설 때만 해도 한가해서 파리를 날렸는데 요즘은 아파트들이 어찌나 많이 들어섰던지 도떼기시장은 저리 가라요, 여차하면 사람에 밟힐 지경이다.

마침 로션 두 개를 사고 그 사은품이란 걸 받고자 12층으로 올라갔더니 지하 2층이란다. 층수를 잘못 내린 것까지 합쳐 올라갔다 내려갔다를 몇 번 반복하다 보니 짜증이 나고 무엇보다 자신이 한심하다는 생각이 불현듯 피어오른다. 집에 갖다 놔야 별로 쓰지도 않을 몇천 원짜리 사은품을 찾는답시고 피곤하게 이 무슨 짓인가 싶으니 쓴 웃음이 절로 난다.

이따금 백화점이나 마트에서 특별세일이 있을 때 사람들이 장사진을 이루는 것을 본다. 파격 세일을 하는 경우다. 아무리 그래도 나는 한 번도 그걸 구입하겠다고 줄을 서 본 적이 없다. 엄청 횡재가 되더라도 나는 좀 덜 먹고 덜 쓰고 말지 그런 덴 엄두를 못 낸다. 그런 내가 언제부터 이리 공짜를 좋아했단 말인가. 자신이 기특한 게 아니라 뒷맛이 영 찜찜해진다.

맥이 풀린다. 자신의 을씨년스런 몰골을 돌아보자니 이제 다음 처신이 문제였다. 나는 이런 때 흔연스레 넘기질 못 한다. 또 습관적으로 자기분석을 하고 있었다. 곧 내가 이 불편한 미궁에서 빠져나갈 명분을 찾는 것이다.

그렇다. 사은품은 몇천 원짜리 아니라 몇 백 원짜리라도 엄연히 내 몫이다. 내 몫은 내가 찾아 쓰든 누구를 주든 내가 처리해야 할 문제 아니겠는가. 그 물건의 임자는 바로 나니까.(아, 이제야 조금은 숨통이 트이는 것 같다.)

70년대 강남 개발 붐을 타고 우리가 강북을 떠나온 이래 근 40년을 본교회를 못 떠나고 여태까지 멀리 다니고 있다. 그야 가까운 교회에 나갈 때도 많지만 그래도 교인들의 눈에 내가 참 대단(?)하다고 인식된 것 같은데, 그것은 그들 생각처럼 결코 내 믿음 때문이 아니요 내 성격 탓이란 말이다. 가령 주보에 예배위원(기도, 안내 등)으로 내 이름이 나와 있을 때나 특별 절기예배 등엔 어김없이 나는 내 자리를 지킨다. 내 딴엔 평소에 잘 못 지키니 중직이 그런 때나 지켜줘야지 해서이지만 저들의 눈엔 그게 대단하게 비친 것이다. 거의 한달 내내 교회를 위해 헌신하는 사람도 어쩌다 유사

시엔 제 일을 곁엣 사람에게 부탁하기 일쑤인데(평소에 많이 하고 있으니까) 그게 마치 제 몫을 등한히 한 양 비치는 것에 비하면 내가 요령이 썩 좋은 것이다. (웃음)

사람은 제 이름에 책임을 져야 한다. 제가 제 이름을 책임지지 않으면 누가 져 준단 말인가. 자기 자신에게 철저하다는 건 피곤한 일이 아닐 수 없지만, 그러나 그것에 조금만 익숙해지다 보면 세상에 그보다 더 편하고 뒤끝 상큼한 건 없다. 대개 사람은 남에게 철저하고 자신에겐 관대하지만 만약 그 반대로 할 수만 있다면 세상은 그만큼 쉬워질 것이다.

그러니까 내 주의는 기본을 찾는 데, 지키는 데 철저하자는 것이다. 나는 본래 높이 올라가는 덴 별로 관심이 없지만 절대로 이에서 더 떨어지진 않겠다는 덴 누구보다 철저한 사람이다. 나는 전엣 글에서도 '자존심'을 이렇게 정의한 바 있다.

"참 자존심은 곧 저 찬란한 꼭대기까지 도달하려는 발버둥이 아니라 더 이상 저 오욕의 자리론 결코 떨어질 수 없다는 피 어린 안간힘이다."

이것은 천명天命처럼 붙잡은 나의 신조다.

그러면 오늘은 내가 어쩌다 이리 됐는지 재미삼아 그 경로를 한번 더듬어 보기로 한다.

누구에게나 세상에서 가장 사랑스런 단어는 제 이름이란다. 사람은 아무리 복잡한 대중의 소음 속에서도 제 이름 석 자를 부르는 소리엔 거의 원초적으로 예민하게 반응한다. 그만큼 자신이 존귀하고 사랑스럽기 때문이다.

내 이름이 누구에 의해 어떤 동기로 지어진 것인지 아는 바 없으나 내 이름은 실로 신비한 매직magic성이 있다. 정반대의 두 얼굴로 풀이되는 것이다. 그러니까 나는 태어나면서부터 요령 좋은 인간이 되게 되어 있었다.

언젠가 어느 자리에서 나는 이렇게 자기소개를 했다.

"돈밖에 모르는 사람입니다."

아닌 밤중에 홍두깨였다.

"김, 유, 심이라구요."

그래도 모두는 멍-해 있었다. 또 읊었다.

"돈에, 마음이, 있다!"

그제야 모두들 웃으며 편한 자세로 돌아왔다. 순간, 내 마음 한 구석으로부터 이렇게 통을 맞았다.

'맨날 돈에 마음을 두고 있으니 가난하지.'

말 되네. 그러나 그래 두고 넘어갈 내가 아니었다. 하나님은 내게 남다른 은혜를 주셔서 자신에게 불리한 대목에선 거의 동물적인 반전의 지혜를 발동한다.

'심心'은 시골 사람들이 잘 쓰는 촌스런 이름이지만 나는 내 이름을 읊조리며 성경의 이름들의 뜻을 되새겨 본다.

'하나님께선 내게 이 이름을 허락하시며 무엇을 기대하셨을

까?'

금金은 가치의 기본이며 가장 귀한 보화의 표상이다. 나는 가장 귀한 가치에 마음을 두어야 할 사람으로 태어난 거라고 자기최면을 한다.

결국 돈이냐 금이냐의 차이다. 전자는 재수가 없으니 (그래서 가난하다며?) 후자로 굳히기로 한다. 그러다 보니 돈도 없는 주제에 아마 나만큼 무엇에, 누구에게 꿀리지 않는 사람도 드물 것이다.

언젠가 남편은 신기하다는 투로 내게 이렇게 말했다.

"당신은 어찌 그리 항상 당당해?"

기다렸다는 듯 나는 냉큼 받아친다.

"그야 당연하지. 나처럼 항상 손해만 보고 살면 당당할 밖에. 그것도 당신 앞에선 더더욱!"

"하하… 웃기는 여자야."

진정이다. 나는 늘 내가 좀 밑지면 된다는 주의다. 나 때문에 남이 밑졌다 싶으면 도무지 속이 편치를 못해 더 손해니까. 나는 영육간에 위장이 약한 게 탈이다. 염치 불고하고 아무거나 닥치는 대로 잘 먹고 씩씩거릴 수만 있다면 얼마나 좋을꼬!

돌이켜 보면 내 인생에 결정적인 호재가 몇 번 있었다. 그런데 나는 그때마다 그걸 덥석 물지 못하고 바보처럼 그냥 돌아섰다. 아니, 바보'처럼'이 아니라 왕바보였다. 그 이유는 만약 내가 무리하게 그걸 삼키면 내 뱃속이 편치 못할 게 뻔해서였다. 차려준 밥상도 못 먹는 자신의 무능에 대한 자괴감도 없잖지만, 자기변명이 아니라 그걸 물고 추하게 끙끙거릴 바엔 차라리 돌아선 게 만 번 잘한 노릇이었다고 자위하고 있다. 진정 나는 내가 바보여서 자신을 더욱 사랑한다.

재미있는 이야기 하나 더.

중학교 때 어느 날 영문법 시간이었다. 선생님은 단에 서자마자 대뜸 칠판에 이렇게 썼다.

"All that glitters is not gold."

오, 예! 나는 눈이 휘둥그레지며 신이 났다. 참으로 멋있는 금언이었다. 나는 그 다음 선생님이 그걸 어떻게 설명했는지 전혀 기억이 없다. 그저 "심봤다!"의 기분으로 그 시간 내내 들떠 있었다는 기억뿐이다. 아마도 that가 접속사인지 관계대명사인지가 그날 수업의 주제였을 것이다.

나는 처음엔 "금만이 반짝이는 것은 아니다"라고 해석했다. 그렇다. 꼭 금이 아니라도 세상에 반짝이는 것은 얼마든지 있다. 나도 얼마든지 빛나는 존재가 될 수 있다고 주먹을 불끈 쥐며 소망을 다졌다. 그런데…… 한참을 칠판을 응시하던 내 머릿속에 또 다른 해석이 들어왔다.

"반짝인다고 모두가 다 금은 아니다."

이런이라니! 뉘앙스가 전혀 달랐다. 후자가 훨씬 원문에 가깝다고 여겨졌다. 세상에 반짝이는 것은 얼마든지 많다. 조작된 빛까지. 그렇다면 반짝이되 반드시 금이 되어 빛나야 한다고 스스로를 몰아갔다. 역시 나는 어지간히 금을 좋아하는 모양이다. (웃음)

이 금언은 평생 필요대로 (두 가지 모두) 나를 이끌어 왔다. 하나님은 이렇듯 한 인간을 연단하시는데 같은 뜻을 따라 반복적으로 역사하시나 보다. 내가 까다로운 명분주의자가 된 게 그냥 우연이 아니었다니 말이다.

더 잘하지
못한
　　죄

　사람들은 걸핏하면 "무슨 죄가 많아서……"라며 탄식한다. 딱
히 누가 꼬집어 지적해서가 아니라 스스로 제 죄를 까뒤집어 정죄
하려 들기도 한다.

　어느 측면에서 보면 진정, 세상사 죄 아닌 게 하나도 없다. 이
건 이래서 죄요 저건 저래서 죄다. 입맛이 싹 달아난다.

　과연 죄란 무엇인가? 무엇이 죄인가? 교육자, 법률가, 도학자,
종교가……가 머리 싸매고 연구한다.

　오늘은 유사 이래 그 모든 선진들이 연구해낸 별의별스런 죄
를 아주 쉽게, 역시 진리의 '언어'로 간단하게 정의해 보기로 한다.

　자, 죄罪란 말 그대로 네[四]가지가 아닌[非] 것을 말한다. 곧
의義, 진眞, 선善, 미美가 아닌 것 말이다. 물론 그 네 가지는 이러
쿵저러쿵 저마다 나름대로 분류할 수는 있다. 그러나 아무리 별스

러워도 결국 비슷하게 그 네 가지 아닌 것으로 귀착되고 말 것이다.

성경은 한마디로, 믿음으로 하지 않는 모든 것이 죄라고 했다. 꼭 나쁜 짓을 해서만 죄가 아니요 비록 저는 옳다고, 좋다고 한 게 얼마든지 죄가 될 수도 있는 것이다.

세상 법은 주로 하지 말아야 할 것을 행한 것에 대한 응징을 다루지만 도덕적·종교적인 법은 마땅히 해야 할 것을 하지 않는 경우를 더 엄히 다루는 것 같다. 물론 세상 법도 가령 병역이나 납세 등 해야 할 의무를 다하지 않는 것에 대한 징벌이 크지만 그것도 특별히 법으로 정한 것에 한해서 그렇다. 그러나 도덕·종교의 법은 어디까지나 양심에 기준하지 않는 한 구속력이 없기 때문에 세상이 혼탁하고 무질서해질 수밖에 없다. 하지만 세상이 이만큼 유지, 존속될 수 있는 건 그 제재制裁 없는 양심의 법이 얼마나 크게 작동하고 있는지를 보여주는 징표라 하겠다.

또 성경은 선을 알고도 행치 않는 것이 죄라고 했다. 우리는 대부분 이 죄 가운데 살아가고 있다. 반드시 악을 행하지 않더라도 이 또한 큰 죄임을 누구도 부인하지 않는다. 그래서 누군가 '행동하지 않는 양심은 결국 악의 편'이란 명언을 토해냈다. 오늘 사람들은 지나치게 자신을 합리화, 정당화하는 데만 급급할 뿐, 한 번도 제 몸을 던져 선을 행하지도 악을 배척하지도 못 한 부작위범不作爲犯들투성이다. 부작위범이 얼마나 무서운 죄인지 보자면, 가령 어미가 갓난아기를 짐짓 젖을 먹이지 않아 굶겨 죽여놓곤 저는 아무 짓도 안 했으니 죄가 아니란다. 대부분 사람들의 죄에 대한 개념이 이렇지 않을까 싶다.

성경에서 말하는 또 하나 빼놓을 수 없는 죄는 기도하지 않는 죄다. 기도는 자칫 사람들이 혼동하고 있는 것처럼 전능자에게 자신의 필요를 아뢰는 청구서가 아니다. 제 문제가 아닌 남의 안위까지도 똑같이 살피는 것이 기도란 말이다. 선지자 사무엘은 이스라엘 백성을 위해 기도를 쉬는 죄를 결단코 범치 않겠노라 스스로 다짐했다.

믿는 이에게 기도가 호흡이란 말은 그냥 미사여구가 아니다. 그래서 누구나 살기 위해 숨 쉬듯 부단히 기도해야 함은 그대로 진리다.

어느 마귀들의 전략회의에서 대장이 부하들에게 이렇게 단호한 명령을 내렸다. 저들(하늘 백성)이 달라는 건 뭐든 다 주어라. 단 저들에게서 기도만 뺏어오도록 하라고. 기도는 피조물이 창조주를 섬기는 유일한 수단으로 저들의 마땅한 도리이자 의무이기 때문이다.

내겐 모든 게 시들해졌을 때 애써 떠올리는 경구가 있다.

"어리석은 자여, 기도하지 않고 망한 자여!"

나는 지금 사람을 불편하게 옥죄고 겁박하자고 새삼 구구한

죄론을 강의하고 있는 게 아니다. 오히려 살맛나게 입맛을 돋구는 죄 얘기를 하나 할까 해서다.

젊었을 적 어느 날 무슨 기분 좋은 일이 있었을까. S호텔에서 저녁을 먹고나서였다. 그이가 뜬금없이

"아따, 나주 촌×[者], 해남 촌×[女]이 출세했다야. 감히 여기가 어디라고 이런 비싼 식당에서 허엉—"

"그러게! 그리고 보니 솔찬히(수월찮이), 겁나게 출세해부렀구만이라우."

"다 나를 잘 만나서지."

"그라제. 나주 촌× 못 만났으면 언감생심이제 잉."

그날 저녁 우리는 배꼽을 쥐었다. 여느 때 같으면 식당에서 나오려면 본전 생각이 날 때가 많은데 그날만은 비싼 밥값이 전혀 아깝지 않았다.(지금이야 호텔 출입이 아무것도 아니지만 전엔 그렇질 못했기에 그런 농담이 나올 만도 했다.) 엊그제 같은데 벌써 옛날 얘기다.

자기를 잘 만났다고 으스대던 사람이 먼저 가 버렸으니 분명 그리 잘 만난 건 아닌 셈이고 문득문득 그가 나 해남 촌×을 잘못 만난 거라는 안쓰러운 생각이 들 때가 있다. 그 꼴난 밥 좀 해주면서 어지간히 유세였어야지. 일찍 보내드린 부모님도 그렇고…… 두루 늘 가슴 저미는 회한 속에 산다.

그런데 내 아는 어느 분은 곁에서 누가 보기에도 저절로 고개가 숙여질 만큼 실로 대단한 분인데도 이따금 아쉽게 가벼운 한숨

을 내쉬곤 했다. 나는 물었다. 그만큼 최선을 다하고 사셨으면서도 후회가 되시느냐고.

그분 왈, (떨리는 소리로)

"무슨…… 더 잘하지 못한 게 다 죄지……"

"아!!"

나는 입을 딱 벌렸다. 가슴이 뭉클했다. 참 명언이었다. 더 잘할 수 있는데도 그렇게밖에 못 했다면 어찌 죄가 아니랄 수 있으리요! 나로선 차마 듣기조차 민망한 고백이었으나 실로 가슴 절절한 그분의 음성은 그 후 부끄러움에 둔감한 내 가슴을 가끔 휘젓곤 했다. 우리 모두 이만큼 죄에 민감하다면 구태여 네 가지 아닌 것만 따로 죄로 구분할 필요도 없을 것이었다.

나는 음미한다. 아아, 더 잘하지 못한 죄! …… 일상 죄와 더불어 먹고 마시는 삶이 갑자기 죄 하나도 없는 세상이 되어버린 양 화안하다. 진정 이곳이 바로 천국이거니!

Yes, we believe!
예스, 위 빌리브

언젠가 무료해서 뭐 볼만한 게 없을까 하고 무심코 TV의 리모컨을 여기저기 누르다가 갑자기 가슴을 움켜쥔 적이 있었다.

성직자 가운을 입은 한 남자가 한 발짝 앞으로 나서며 노래를 부른다.

그대는 믿는가
예수께서 당신을 살리시기 위해
이 땅에 오셔서
십자가에 피 흘려 돌아가신 것을……

바로 뒤따라 어린이 성가대가 걸어 나오며 이어 받는다.

“Yes, we believe!”

채 유치원생이 될까 말까한 유아들이다. 생긴 걸로 보아 인도 아이들 같다. 나는 지금껏 그 어디에서도 그렇듯 천진하고 예쁜 아이들을 보지 못한 것 같다.

그야 물론 아이들은 “송아지, 송아지……”나 “학교종이 땡땡땡……”처럼 그저 가르치는 대로 따라 했을 수도 있겠다. 그러나 그 어린이들은 분명 내게 가슴 절절하게 뭔가 호소하고 있었다.

네. 우리는 믿습니다.
그분이 나를 위해 오셔서
그렇게 돌아가셨다는 것을……

영락없는 천사들이었다. 그것은 그냥 노래가 아니었다. 중요한 것은 그 애들이 TV를 보고 있는 우리 모두에게 아주 작심하고 뭔가 뜻깊은 말을 하고 있다고 느껴지는 것이다.

나는 지금껏 해외 선교에 무심한 편이었다. 아마도 어쩌면 그것은, 선교 한답시고 무작정 나가서 본국에 원조 요청 편지나 쓰는 게 고작 하는 일이라는 둥, 그동안 선교사들에 대한 부정적 이미지가 주로 입력되었던 탓일는지도 모르겠다.

‘흥! 거 핑계 한번 조오타…… 우리가 시방 누구 덕분에, 어떻게 믿게 되었는데? 요즘 믿는다는 사람들이 사회로부터 얼마나 욕을 먹고 있는지 몰라? 그렇다고 모든 믿는 이들이 다 그렇단 말야?'

그래, 그래…… 나는 무엇엔지 모를 미안함과 송구함으로 가슴이 북받친다. 눈물 한 방울이 주루룩 굴러 떨어진다. 아아— 누가 사람을 저렇듯 거룩하고 아름답게, 사랑스럽게 만들 수 있단 말인가.

천언만어千言萬語가 부질없어진다. 나는 그 선교사님께 손을 들며 소리쳤다.

"잘하셨습니다! 수고하십니다!"

내 말이 꼭 그곳까지 들려지길 빈다.

아이들의 다부진 외침이 자꾸만 귓가에 엉겨 붙는다.

"Yes, we believe!"

누가, 얼마만큼 대단한 사람이면 사람으로부터 그런 고백을 받아낼 재간이 있단 말인가. 60년 신앙 연조는 자랑하면서, 명색이 권사까지 됐으면서, 나는 과연 몇 사람이나 구원으로 인도하였는가? 부끄럽고 죄송하기 이를 데 없다.

나는 엉겁결에 국내든 국외든 선교비 책정을 더 해야겠다고 뚱딴지같은 계산을 하고 있었다. (웃음)

나는 아들만 셋을 둔 어미다. 세상에 가장 짜잔하고 못난 것은 '딸 하나도 낳지 못한 여자'인 세상이 되고 말았다. 그것이 어찌 누구 탓일까만 나는 비교적 저 편할 대로 사는 사람인데도 왠지 그 점만은 주눅이 든다. 정말 억울(?)하고 외로울 때가 너무 많다.

걸핏하면 친구들이 약을 올린다.

"잘난 아들은 나라의 것— 잘 번 아들은 장모의 것—"

에미는 아들 월급이 얼마인지도 모르지만 사위 보너스가 언제, 얼마 나온 것까지 장모는 안다나.

"네가 아무리 애써봐야 좋은 일 있을 때 지 곁에 너 안 앉힌다니. 이히히, 용-용-."

내가 주먹을 쳐든다.

"너 죽을래?"

온 방안이 왁자지껄 신나라 한다. 아니, 내가 딸 없는 게 뭐가 그리도 쌤통이람. 고얀 것들 같으니. 후우—(한숨)

그래, 다 좋다. 딸이 없어도 좋고 그래서 죽도록 외로워도 좋다. 그러나 나는 언젠가는 세 놈을 한데 모아놓고 꼭 한 번은 인도 어린이 성가대 이야기를 리바이벌 할 작정이다. 내가 저희를 어떻게 길렀는지 새삼스레 생색을 읊지 않더라도 그걸 모를 만큼 맹한 애들은 아니지만 꼭 한 가지 다짐해 두고 싶어진 것이다.

나는 애들 앨범마다 맨 앞장에 똑같이 이렇게 시그널 멘트를 해주었다.

李○○!
너는 친구들의 자랑이어라
        부모의 보람이어라
        신의 영광이어라
너는 자랑이어라
        보람이어라
        영광이어라
(외울 때마다 가슴 뭉클하지 않을 때가 없다.)

그러면 자, 내가 그 선교사님이 된다.

그대는 믿는가
엄마가 세상에 와서
자랑이요 보람이요 영광인 자식을
이 땅에 남기는 게 소망이었다는 것을……

만약에 놈들이 “Yes, we believe!”를 합창해 주기만 한다면 나는 세상에서 가장 못 나고 짜잔한 여자가 아니라 세상에서 가장 행복한 여자일레라.
아무리 희망사항이지만 나는 꼭 믿고 싶다.
부디 내 삶이 헛되지 않았기를!

맺음말

나는 이 3집을 기획하면서 무엇보다 영상미디어 시대라 사람
들이 도무지 책을 읽지 않는다는 데 유념해야 했다. 일단 가볍게
부담 없이 읽을 수 있는 쪽으로 정했다. 마음이 절실해서인지 아무
래도 장르는 오피니언(opinion, 견해·지론) 쪽으로 기울었고 쉽게 쓰
려고 애썼으나 말하고자 하는 뜻이 좀 무겁다 싶으니 짧은 매枚수
로는 무리가 되는 경우도 없잖았다.

독수리타법으론 부지하세월이라 나는 이것을 펜으로 쓰면서
자주 앓았다. 퇴고推敲하는 데 애먹었지만 (매번 다시 정리해야 하니
까) 은혜로 무사히 출간하게 되어 감사할 따름이다.

나는 꼬박 한 달 동안 단 한 줄의 글도 쓰지 못하고 그저 멍청
하게 보낸 적도 있다. 어이가 없어 '아, 이게 내 실체로구나' 여기면

서. 또 어떤 땐 가끔 이 글은 결코 내가 쓰고 있는 게 아니라는 생각이 들 때가 있었다. 마치 누군가 곁에서 불러주는 걸 그냥 그대로 받아적고 있다는 느낌 말이다. 그럴 땐 감히 '아, 주님께서 나를 도구로 사용하고 계시는구나!' 찬미를 드린다. 변덕이 죽 끓듯 한다.

어쨌거나 지금 내게 바람은 단 한 가지. 울어머니 두고 쓰시던 문자,

"사람이 쑥떡같이 말해도 찰떡같이 알아묵어야제. 그것을 꼭 손에 쥐어줘야 알것냐? 이 멍충아!"

제발 독자들이 꼭 그래줬으면— 빈다.

나는 이것이, 물 빠진 펌프처럼 막막한 누군가에게 한 바가지 마중물이 되어줄 수만 있다면 더 바랄 것이 없겠다.

그동안 숙을 비롯해 죽이야 반찬이야 날랐던 친구들과
졸작을 천발薦拔해 주신 홍성사 여러분께 깊이 감사드린다.

하나님은 무엇을 기다리고 계시나

2012. 10. 10. 초판 1쇄 인쇄
2012. 10. 15. 초판 1쇄 발행
지은이 김유심

펴낸이 정애주 **편집팀** 송승호 한미영 김기민 김준표 오은숙 정한나
디자인팀 김진성 박세정 **제작팀** 윤태웅 유진실 임승철
마케팅팀 차길환 국효숙 박상신 오형탁 송민영 **경영지원팀** 오민택 마명진 윤진숙

펴낸곳 주식회사 홍성사 **등록번호** 제1-499호 1977. 8. 1.
주소 (121-897) 서울시 마포구 합정동 369-43
전화 02) 333-5161 **팩스** 02) 333-5165
홈페이지 www.hsbooks.com **이메일** hsbooks@hsbooks.com

ⓒ 김유심, 2012
ISBN 978-89-365-0306-2 값 10,000원
※잘못된 책은 바꿔 드립니다.